KB250339

다문화 백과 사전

혼자보다 우리가 똑똑하다

다문화 백과사전

채인선 지음

한권의책

1

다문화 백과사전의
문을 열며

다문화

낯섬과 익숙함

문화의 만남

고유한 문화

지금부터 우리가 나누게 될 이야기가 뭔가요? [1]

다문화에 관한 것이에요. 그리고 다문화를 떠올렸을 때 생각해 볼 수 있는 것을 두루두루 이야기하게 될 거예요. 이 책을 '다문화 백과사전'으로 부르고 싶은 것도 이런 까닭입니다.

다문화란 무엇인가요? 그것이 문제가 되나요? [2]

다문화는 '여러 문화', '다수의 문화'라는 뜻이에요. 다문화가 특별히 문제점을 나타내는 낱말은 아닙니다. 하지만 서로 다른 여러 문화가 한 사회에 함께 있게 될 때는 상황이 다르죠.

'다른 것'에는 뭔가 불편한 느낌이 있어요. [3]

익숙한 것에 편안함을 느끼듯이 다른 것에 낯설고 불편한 느낌이 드는 것도 당연하겠지요. 그런 느낌이 전혀 없다면 이런 대화도 필요하지 않을 것입니다.

이야기가 불편하게 진행될까요? [4]

불편함을 갑작스레 마주치지는 않을 거예요. 이미 그 존재를 알고 있으니까요. 우리는 아주 편하게 물 흐르는 대로 다문화와 관련된 여러 이야기를 때로는 역사학자가 되어, 때로는 철학자처럼, 때로는 심리학자나 사회학자처럼 나누게 될 것입니다. 질문과 대답이 오가는 과정에서 의식하지 못한 것들이 다문화와 깊이 연관되어 있음을 알게 될지도 모르죠. 그러면 우리는 새로운 생각을 하게 될 테고 그럼으로써 다문화에 대한 이해가 더 깊어지겠죠.

다문화를 꼭 이해해야 하나요?[5]

이 질문에 앞서 사람은 혼자서는 살 수 없다는 것을 깨달아야 합니다. 그리고 사람은 누구나 자기만의 고유한 문화를 가지고 있다는 것도 새롭게 인식해야 합니다.

사람은 혼자서는 살 수 없다고요? 그것이 다문화와 어떤 관련이 있나요?[6]

우리는 지금 내가 먹을 음식을 누가 만들고 배달해 주는지 모르는 사회에 살고 있어요. 돈만 있으면 남의 도움 없이 혼자서도 잘 살 수 있다고 생각합니다. 그러나 몇 사람이 무인도에 떨어진 경우를 상상해 보면 그런 생각이 부적 안이한 것임을 알게 될 거예요. 돈이 아무리 많아도 음식을 주문해 먹을 수는 없을 테니까요. 그런 상황이라면 각자 자신이 가진 재능과 아이디어를 한데 모아 무인도에서 빠져 나오는 방법을 찾게 될 것입니다. 음식도 나누게 되겠죠. 이때 서로 다른 피부색이나 문화는 전혀 문제가 되지 않지요. 중요한 것은 나에게 없는 것을 누군가 갖고 있는지, 내가 할 수 없는 일을 다른 사람이 할 수 있는지의 여부입니다. 그리자면 아무래도 나와 같은 문화권보다

는 다른 문화권 사람이 도움이 되지 않을까요?

도시에서 태어나 도시에서 살던 사람들만 있는 것과 도시와 농촌 사람들이 섞여 있는 경우를 생각해 봅시다. 한국인들만 무인도에 고립된 것보다는 여러 국가 사람들이 함께 있다면 훨씬 많은 아이디어가 나오겠죠. 이런 까닭에 '혼자보다 우리가 똑똑하다'고 말하는 것입니다.

여기에 덧붙이고 싶은 말은, 사람은 빵만으로는 살 수 없다는 것입니다. 행복도 있어야 하지요. 우리가 무인도를 탈출하려는 또하나의 이유는 '혼자보다 우리가 더 행복하기' 때문입니다. 혼자만 잘 살면 무슨 재미가 있나요? 혼자보다 함께일 때 행복은 더 커지고 더 의미가 있습니다.

사람은 누구나 자기만의 고유한 문화를 가지고 있다고 하셨죠?[7]

예. 동물도 단순한 형태이긴 해도 문화를 갖고 있지요. 짝짓는 방식이나 새끼를 키우는 방식, 무리 생활을 하는 방식이 그들의 문화라고 할 수 있어요. 사람 역시 집단 문화뿐 아니라 개개인 고유의 성향과 생활 방식을 갖고 있습니다. 사람과 사람의 만남—그것이 개개인이든 집단이든—은 문화와 문화의 만남으로 볼 수 있습니다. 이것이 다문화 현상입니다.

그렇다면 다문화는 새로운 개념이 아닌데 왜 지금 특별히 관심을 가져야 하지요?[8]

지금 세계 어디든—고립되었거나 폐쇄적인 지역을 제외하고—다문화 사회가 아닌 곳이 없어요. 특히 각 나라의 대도시에는 여러 문화권 사람들이 뒤섞여 있습니다. 한국도 마찬가지예요. 얼마 전까지만 해도 다문화라는 용어도 생소했고 거리에서 외국인을 보는 일이 그리 흔치 않았습니다. 지금은 그렇지 않지요. 지방 소도시에서도 외국인은 더 이상 눈길을 끌지 않아요. 한국은 이미 다문화 사회에 진입한 것이지요.

하지만 다문화에 대한 이해 부족으로 여러 사회 문제가 조금씩 드러나고 있습니다. 이주 여성들과 이주 노동자들의 복지와 인권 문제, 다문화 2세의 교육 문제 등이죠. 이를 방치하면 상황이 더욱 심각해질 수 있어요. 사회도 혼란스러워질 거예요. 다문화에 대한 관심이 필요한 때입니다.

한국에 와 있는 다문화 사람은 어떤 사람들인가요?[9]

각양각색입니다. 한국으로 이민을 온 사람들도 있고, 국제결혼으로 가정을 이룬 사람들도 있습니다. 한국에 장기간 거주하는 이주 노동자들과 중국 교포, 중앙아시아 교포들도 많이 눈에 띕니다. 직장인도 있고 단순노동자도 있고 사업가도 있을 것입니다. 물론 여행객과 유학생도 있습니다.

수치를 보면 한국에 거주하는 외국인의 수는 2012년에 약 140만 명으로 조사되었는데, 이는 한국 전체 인구의 3퍼센트에 해당합니다. 집계에 포함되지 않은 사람들까지 따지면 이보다 많을 것입니다. 다문화 가정도 점점 늘고 있어요. 다문화 아이들 역시 느는 추세인데 2017년만 해도 20만 명이 넘었어요.

굉장한데요.[10]

그들은 앞으로 우리의 친구가 되고 동료가 되고 나아가 가족이 될 사람들이에요. 하지만 우리는 그들과 '함께 어울려 살기'에 대한 준비가 덜 되어 있어요. 다문화에 대해서도 눈에 보이는 몇몇 사례만 갖고 좋다 안 좋다 판단하기 쉽지요. 어떤 사건이나 현상은 눈에 보이는 모습만이 전부는 아니잖아요. 평면이 아니라 입체라는 것입니다. 눈에 보이는 것 이면에 많은 사연들이 있답니다.

다문화도 입체라는 건가요?[11]

그럼요. 우리가 만약 다문화 속에 역사가 있고 철학이 있고 감정이 있다는 것을 모른다면 다문화의 평면밖에 그릴 수 없어요. 반면, 입체라는 것을 이해한다면 다문화는 아주 풍부한 그림이 될 것입니다. 어느 집의 평면도를 보는 것이 아니라 그 집에 직접 가 보는 것과 같아요. 대문을 열고 들어가 눈으로 살피고 벽을 만져 보고 거닐어 보는 거죠.

어떤 이야기들이 다문화를 입체로 그리게 할까요?[12]

다문화를 만들어 내는 동기, 정치적 배경, 바람직한 다문화 사회를 만들기 위한 노력, 그것을 방해하는 요소들, 마음에 관한 것, 잊지 말아야 할 일 등이죠. 이와 함께 인종, 인권, 유대감과 연대감, 세계시민, 같음과 다름의 가치에 대한 탐구가 있을 겁니다. 이런 탐구를 하고 나면 길에서 외국인을 보더라도 느낌이 좀 다를 거예요. 다문화 2세에 대해서도 새로운 인식을 하게 될 것입니다.

다문화 가정의 아이들이 모인 자리에서 일반인들은 무심코 이런 질문을 합니다. "이 아이는 어느 나라 아이입니까?" 그들이 어느 나라 아이들이죠? 당연히 한국 아이들입니다. 한국인이지요. 그런 경솔한 질문이 더 이상 나오지 않게 된다면 다문화라는 낱말도 자연히 없어지게 될 테고, 서로가 서로를 한 개인으로서 마주보는 때가 오리라 생각합니다.

무엇부터 시작하죠?[13]

가장 먼저 드는 의문이 무엇이죠? 징검다리를 건넌다 생각하고 천천히 서두르지 말고 나아갑시다.

2

다문화는
인구 이동과 함께

이동
유랑
농경
계급
전쟁
노예
문화 교류
제국주의
식민지
이민
난민과 망명
아프리카와 아메리카 대륙

이동과 유랑은 인류의 오랜 습관

어느 사회나 서로 다른 문화가 함께 있게 된다고 했는데 그건 왜 그런 가요? [14]

사람들이 이리저리 옮겨 다니기 때문이에요. 사람들이 옮겨 다니면 그 사람들의 문화도 자연히 퍼집니다. 사람들의 생활 방식이 문화라고 할 수 있으니까요.

사람들은 왜 옮겨 다녀요? [15]

예나 지금이나 사람들이 옮겨 다니는 까닭은 똑같아요. 좀 더 나은 환경을 찾아다니는 거죠. 일자리가 있다거나, 돈을 더 벌 수 있다거나, 자연환경이 좋다거나 등등의 이유입니다. 요즘에는 공부를 하러 다른 도시로 떠나는 사람도 있고, 일 때문에 단기간 외국에 다녀오는 사람도 있지요. 여행을 하기도 하고요. 교통수단이 발달해서 사람들은 예전보다 더 많이 옮겨 다녀요. 하루면 세계 어느 곳에나 다 갈 수 있습니다.

사람들은 언제부터 그렇게 옮겨 다녔어요? [16]

인류 초기부터겠지요. 수렵과 채집, 즉 사냥을 하고 열매를 따 먹는 것이 원시 시대의 생활이었으니까요. 사냥감이나 열매가 더 풍부한 곳, 기후가 더 좋은 곳을 찾아 초기 인류는 늘 유랑˙을 했습니다. 유랑은 인류의 오랜 습관이라고 할 수 있지요. 인류는 처음 아프리카에서 유랑을 시작해서 아시아, 유럽, 아메리카 대륙으로 이동했어

▲ 아프리카 탄자니아에서 발견된 초기 인류의 발자국. 370만 년 전으로 추정되는데 지금까지 발견된 것 중 가장 오래되었다.

˙ 이동과 유랑은 의미가 다르다. 이동은 단순히 옮겨 가는 것이고 유랑은 정처없이 떠돌아다니는 것이다.

▲ 사냥과 고래잡이가 성행했음을 보여 주는 반구대 암각화(울산시 울주군) 재현 그림.

요. 이로써 여러 대륙에 인류가 퍼지게 된 것이지요.

얼마나 오랫동안 인류는 유랑 생활을 했나요?[17]

500만 년 전에서 250만 년 전, 유인원과는 다른 종이 지구에 출현했습니다. 그들은 침팬지와 사람의 중간 정도에 머물렀어요. 이후 몇 차례 여러 인류(호모)들이 생겨났다 사라졌다 하다가 우리의 직계 조상인 현생 인류(호모 사피엔스 사피엔스)가 나타난 것이 4만 년 전에서 5만 년 전이에요. 그때부터 농경을 하기까지 유랑 생활을 했겠죠. 농경은 지금으로부터 1만 년 전에 시작되었다고 합니다.

▲ 초기 선사 인류 중 하나인 호모 에렉투스.

농경과 전쟁

농경을 시작하면서 사람들은 유랑을 그만두었나요?[18]

아마도 초기에는 유랑 생활도 함께 했을 겁니다. 농경만으로 필요한 양식을 다 얻을 수는 없었을 테니까요. 그러다 기술과 농기구가 발달하고 경험이 쌓이면서 사람들은 한곳에 모여 살게 되었습니다. 정착 생활이 시작된 거예요.

그런데 농경을 하면 자기가 먹을 수 있는 것보다 더 많은 곡물이 재배됩니다. 남는 곡물이 생기죠. 남는 곡물을 다른 곳에다 팔아야 할 필요가 생겼어요. 다른 지역에서도 마찬가지였습니다. 기후와 토양에 따라 어느 곳에서는 밀이 잘 자라고 어느 곳에서는 쌀이 잘 자라니까요. 그래서 상인이 생겨났어요. 상인들은 멀리 다른 지역으로 물품을 팔러 다녔습니다. 한 무리가 이동하는 시대는 끝났지만 상인이나 탐험가는 소규모로 늘 이동을 했답니다.

또한 농경을 할 수 없는 초원 지대나 사막 지대의 일부 사람들은 그때나 지금이나 여전히 유랑 생활을 하고 있지요. 이들을 유목민이라고 부르는데, 지금은 그 수가 많이 줄었지만 유랑의 흔적은 그들의 문화 곳곳에 배어 있습니다. 유럽 여행을 하면 집시들을 심심찮게 볼 수 있는데 그들은 유럽 여기저기를 떠돌아다닙니다.

▲ 몽골 유목민과 그들의 이동식 천막집 게르.

어쨌든 농경으로 사람들의 삶은 예전과
는 크게 달라졌어요.

어떻게 달라졌는지 설명해 주세요. [19]

농경은 부자와 가난한 자, 즉 계급을 만
들어 냈어요. 정착해 살다 보니 부족의
개념이 더욱 확실해진 것도 유랑을 하
던 때와는 다른 점이죠. 영토도 생기고 경계선도 생겼으니까요. 부
족을 통솔하는 족장의 힘도 막강해졌어요. 족장은 자신과 부족민을
보호하기 위해 군대를 만들었고, 좋은 땅을 차지하기 위해 전쟁을
벌였어요. 전쟁은 사람들을 이동시키는 커다란 요인입니다.

▲ 농경 생활을 묘사한
고대 벽화.

전쟁이 사람들을 이동시키는 요인이라고요? [20]

전쟁을 피해 다른 곳으로 피난 갔다가 돌아오지 못하고 머물러 살게
될 수도 있지요. 또 정복자들은 자신의 백성을 점령지에 이주시키는
정책을 썼습니다. 확실하게 자기 영토로 만들기 위해서였지요. 붙
잡은 포로와 백성은 노예로 삼았고, 점령지의 백성 중에서 기술자들
과 여자들은 본국으로 데려가 강제로 살게 했어요. 전쟁을 할 때나
하지 않을 때나 사람들은 많이 오고 갔어요.

19세기 아르헨티나의 정
치가 후안 바우티스타 알
베르디는 "다스린다는 것
은 그곳으로 이주하는 것
이다."라고 말했다. 이 말
은 자기 나라 국민들을 식
민지로 이주시켜 식민지
의 정치, 경제, 문화를 장
악하게 함으로써 지배를
굳건히 하려는 의도를 띠
고 있다.

한반도에서의 인구 이동

우리나라에도 그와 같은 인구 이동이 있었나요?[21]

우리나라란 낱말은 애매합니다. 엄밀한 의미에서 우리나라는 우리가 함께 살고 있는 나라를 말하거든요. 다른 나라 입장에서 볼 때 '우리나라'라는 표현은 약간은 폐쇄적인 느낌을 줍니다. 배제당하는 기분도 들게 하고요. 여러 나라가 관계된 일을 얘기할 때는 우리나라보다는 한국이라고 표현하는 게 좋고, 과거를 얘기할 때는 '한반도' 혹은 '옛 한국 땅'이라고 하는 게 정확합니다.

다시 묻겠습니다. 한반도에도 그런 일이 있었나요?[22]

그럼요. 삼국 시대에는 중국의 여러 나라와 일본과 빈번하게 교역을 했고 사람들도 이동을 많이 했지요. 특히 신라에는 아라비아와 인도를 비롯해 남아시아의 여러 나라 상인들이 들락거렸어요. 그들이 데려온 신기한 동물들을 경주 안압지에 풀어 놓고 키웠다고 합니다. 우리가 아는 성씨 중에 조상이 아라비아 인인 집안도 있는걸요.

교역만 한 게 아니라 전쟁도 많이 했어요. 고구려 변방에는 거란, 여진, 말갈 등의 소수 부족들이 진을 치고 있었고 신라와 백제는 일본이 종종 약탈을 하러 와서 편할 날이 없었어요. 나중에 삼국이 통일하는 과정에서 인구 이동이 대대적으로 일어났고, 특히 고구려가 멸망할 때는 고구려 유민들이 만주의 여러 지역으로 흩어졌지요. 그들이 세운 나라가 발해입니다.

▲ 아라비아 사람으로 추측되는 신라 헌강왕 때의 인물 처용. 얼굴 생김새와 독특한 행동이 당시 신라 사람과는 사뭇 다르다.

8~9세기 아라비아 사람들도 당나라를 거쳐 신라의 금성으로 들어와 교역했다. 서산과 울산에서도 교역이 활발히 이루어졌으며, 이들이 머물던 집들이 따로 있었던 것으로 보인다.

발해에 대해 말해 주세요.[23]

발해는 고구려인이 주축이 되었지만 말갈
족도 많이 섞여 있었어요. 따라서 고구려
문화를 바탕으로 말갈족의 문화와 중국의
문화가 어우러진 독특한 문화가 형성되었
습니다. 또한 중국을 통해 유라시아의 문
화도 유입되었을 것으로 보입니다.

발해는 오래 지속되지 못했지만 제도와
문화면에서 품이 넓은 다문화 국가라고
할 수 있습니다. 거란에게 멸망되고 나서
발해의 유민 대부분은 거란으로 끌려갔고
남은 유민과 왕족 일부는 고려로 망명했
어요.

▲ 경주 괘릉(원성왕릉)의
무인석(武人石). 부리부
리한 눈에 높은 콧등, 곱
슬머리를 하고 있어 아라
비아 사람으로 보인다.

그다음에는 또 어떤 일이 있었나요?[24]

고려와 몽골의 관계를 말하지 않을 수 없지요. 몽골은 1200년 초부
터 여러 차례 군사를 이끌고 고려를 침공했습니다. 고려 왕실과 지
배 계층은 강화도로 수도를 옮겨 몽골에 저항했는데, 강화도를 제외
한 대부분의 땅이 몽골에 짓밟혔습니다.

강화도에서 나오면서 고려는 몽골과 화친을 맺었지만(1270년) 이후
100년 가까이 몽골의 영향권 밑에 있었습니다. 고려의 왕자들이 볼
모로 붙잡혀 있었음은 물론, 왕이 되려면 몽골(원나라)의 승인을 받
아야 했어요. 또한 몽골 공주를 왕비로 맞아야 했습니다. 그들의 후
손 중에서 왕이 나오기도 했지요. 몽골은 고려 여자들도 많이 데려

갔습니다. 당시에는 여자들을 데려가 자손을 많이 퍼뜨리는 것도 영토 확장만큼 중요하게 생각했습니다.

몽골의 문화도 고려에 많이 들어왔나요?[25]

100년은 아주 긴 기간입니다. 아마도 한반도 사람들은 다른 어떤 나라보다도 몽골의 영향을 크게 받았을 것입니다. 우리 조상들은 채소와 해산물을 즐겨 먹었지만 몽골의 문화가 들어오면서 육식이 널리 퍼졌다는 말도 있습니다. 또한 설렁탕과 만두, 소주는 몽골 음식에서 기원했습니다. 혼인할 때 여성이 머리에 쓰는 족두리와 얼굴에 찍는 연지, 곤지도 몽골의 문화입니다. 당시에 몽골 사람처럼 변발을 하고 몽골 옷을 입는 사람도 있었는데 몽골이 쇠락하자 대부분 없어졌어요. 하지만 여자들의 저고리 길이가 짧아진 것과 남자들의 두루마기는 이후에도 유지되었답니다.

조선 시대에는 어땠나요?[26]

조선 시대에도 명, 청에 해마다 조공을 바쳤습니다. 조공에는 조선 여자들이 수백 명에서 1000명까지 포함되어 있었지요. 세종은 어린 처녀들을 명나라로 보내는 것을 무척 안타까워했다고 합니다. 임진왜란 때는 10만 명에 이르는 조선인들이 일본 땅으로 끌려가 노예가 되었고, 다른 먼 나라로 팔려 가기도 했습니다(당시 조선의 인구는 500만 명쯤 되었어요). 조선 후기에는 청나라와 화친을 맺어 상인들의 왕래가 비교적 활발했습니다. 이와 함께 중국 대륙의 새로운 물품과 기술, 유라시아에 대한 새로운 정보들이 조선에 들어왔습니다.

이후에도 이동이 있었겠죠? [27]

조선 말기인 1860년대부터 땅을 잃은 가난한 농민들이 소규모로 간도와 만주, 연해주 등지로 이주했는데 조선이 일본에 점령되자 그 수가 급격히 늘었습니다. [**] 이들 중 일부는 1945년 해방 후에도 그대로 남았고, 그 후손들이 조선족, 고려인으로 불리며 중국과 러시아, 그 밖에 우즈베키스탄, 카자흐스탄 등지에서 소수 민족으로 살아가고 있습니다. [***]

일본이 전쟁 준비를 위해 강제로 모집한 노동자(징용)와 군사(징병)도 인구 이동의 한 부분을 차지합니다. 징용으로 끌려간 조선인들은 대략 72만 명에 이르는데, 일본 본토와 사할린, 홋카이도, 멀리 남태평양과 필리핀에서 일을 했습니다.

징병으로는 약 20만 명이 끌려갔으며, 이들은 중일 전쟁과 이후 태평양 전쟁에서 일본 군복을 입고 총을 들었습니다. 이들 중에도 해방 후에 일본이나 중국, 동남아시아에 남은 사람들이 있지요. 아예 더 먼 나라로 이주한 사람들도 있어요.

어디로 이주를 했는데요? [28]

태평양 한가운데에 있는 하와이 섬과 남아메리카 대륙에 있는 멕시코입니다. 일제 강점기 이전부터 이들 지역으로의 이주가 시작되었어요.

하와이 이주는 1903년 1월 초에 도착한 97명의 사람들이 최초입니

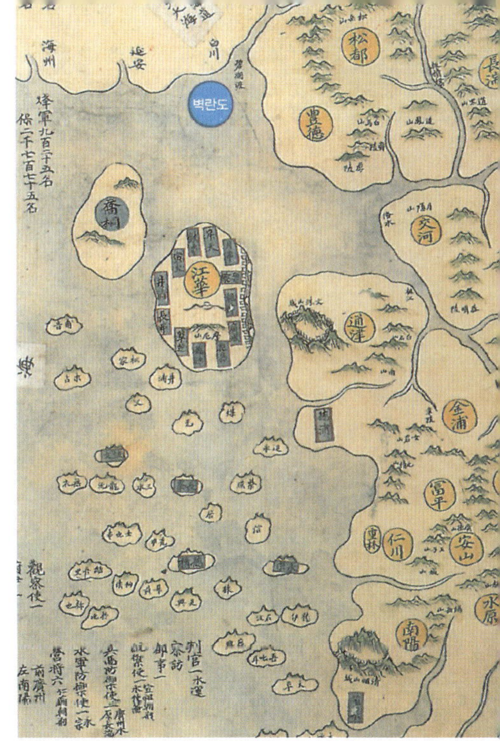

▲ 18세기에 그려진 벽란도 부근 지도.

[**]
연해주에는 18만 명이 거주했고(1926년 집계), 만주에는 150만 명(1943년), 일본에는 8·15 해방 당시 200만 명 이상이 거주했다.

[***]
1937년 10월 소련은 조선인과 일본군(당시 소련의 적국)이 구별되지 않는다는 등의 구실로 연해주(극동 지역)에 이주해 살던 조선인 선원(약 20만 명)을 중앙아시아로 강제 이주시켰다. 열악한 환경과 굶주림 속에서 이어진 50일간의 열차 이동은 노약자 2만 명을 숨지게 했다. 한국인이 중앙아시아의 소수 민족이 된 배경에는 이런 뼈아픈 역사가 있다.

다. 이들은 사탕수수 농장에서 고된 노동을 하며 미국 이민의 역사를 만들어 갔습니다. 멕시코 첫 이주는 그보다 두 해 뒤인 1905년에 1033명으로 이루어졌습니다.

해방이 되었는데 왜 한국으로 돌아오지 않았을까요? [29]

다른 고장에서 수십 년 머물다 보니 부모 세대들은 늙거나 이미 죽고, 다음 세대들은 결혼을 하여 가정을 꾸리게 되었습니다. 그러면 돌아가기 힘들지요.

가족, 친지들이 한꺼번에 이주한 경우라면 누구는 남고 누구는 돌아가는 것도 쉽지 않은 일이었을 것입니다. 게다가 그쪽에서 이미 생활 기반을 잡은 사람들도 있었을 테고요. 해방 이후의 불안정한 한국의 상황도 이들의 귀향을 망설이게 했습니다. 그리고 순전히 이주

▲ 일제 강점기 홋카이도의 징용 조선인들. 힘든 노동과 굶주림에 지친 모습이다.

경비가 없어서 오지 못한 사람들도 있습니다. 이런 사정으로 해외로 나간 사람들 중에서 절반 정도만 옛 고향으로 돌아왔습니다.

해방 후에도 커다란 이동이 있었나요? [30]

일제 강점기에서 벗어나고 얼마 되지 않아 한반도에는 전쟁(6·25 전쟁) 이 일어났습니다. 전쟁으로 남북한 사람들은 크게 뒤섞이게 되었죠. 전쟁이 끝나고 나라가 안정을 되찾으면서 본격적인 이민이 이루어졌 습니다. 하와이 이민 행렬은 이후 미국 본토로 뻗어 나갔고 1962년부 터는 브라질을 비롯한 남아메리카 대륙으로의 이민도 시작되었습니 다. 현재는 세계 서의 모든 나라에 한국인이 살고 있습니다.

이민이 무엇인가요? [31]

이민은 자기 나라를 떠나 다른 나라로 옮겨 가는 것인데 잠깐 머무 는 게 아니라 오랜 세월, 잠정적으로는 계속 살 생각으로 떠납니다. 그래서 대부분 가족이 함께 움직이지요.

왜 멀리 하와이까지 이민을 갔죠? [32]

당시 미국은 하와이에 사탕수수 농장을 많이 세우고 노예에게 일을 시켰습니다. 그런데 노예를 해방하고 나니 일할 사람이 턱없이 부족 했습니다. 그래서 조선을 비롯해 중국, 일본 등 아시아에서 일할 사 람들을 받아들였어요. 이민을 간 사람들도 있지만 그저 먹고살 대책 이 없거나 빚에 떠밀려 일을 하러 간 노동자들도 많았습니다. 지금 한국에 외국인 노동자들이 들어오고 있지요? 그들보다 더 절박한 상황이었어요.

▲ 하와이 사탕수수 농장.

우리도 다른 나라에 일을 하러 간 거네요?[33]

초기 이민인 하와이 이민과 멕시코 이민, 남아메리카 이민은 농장 일을 하기로 하고 떠난 노동 이민이었죠.

이민은 아니지만 이주 노동의 형태로 1960년대 초부터 1970년대 후반까지 간호사와 광부가 독일에 일을 하러 간 적이 있습니다. 파견된 인원은 간호사 1만 명, 광부 7900명에 이릅니다. 이들 중 일부는 계약 기간이 끝난 뒤에도 그곳에 남아서 독일 교민 1세대가 되었습니다.

그 밖에 또 그런 경우가 있나요?[34]

1970년대 후반부터 1980년대에는 사우디아라비아 등의 중동 국가에 건설 노동자로 나갔습니다. 한국 사람들은 다른 나라 노동자에 비해 부지런하고 일을 빨리 한다는 평판을 얻었어요. 여러분 가족이나 친지 중에 중동에서 일을 한 분이 어쩌면 있을지도 모르겠습니다. 그분들에게 얘기를 들어 보면 좋은 공부가 되겠지요.

대부분의 한국 노동자들은 왕복 비행기 표 값을 아끼기 위해 보통 4~5년, 그보다 더 오래 머물며 일을 했습니다. 지금처럼 이메일을 주고받을 수도 없고 화상 전화도 없었으니 본인뿐 아니라 가족들에게도 견디기 힘든 시간이었을 거예요. 하지만 그들이 다달이 보내오는 돈은 한국의 경제 발전에 큰 도움이 되었습니다.

서양에서의 인구 이동

유럽은 걸어서 유럽 대륙은 물론 아시아까지 이동할 수 있습니다. 덕분에 인구 이동이 자유롭고 그만큼 빈번했어요. 유럽 역사를 보면 유라시아 대륙에 있는 국가들끼리 소규모 전쟁도 많았고 유럽 전역을 휩쓴 큰 전쟁도 몇 차례 있었습니다. 서유럽과 지중해 근방을 천 년 넘게 지배한 로마 제국도 유럽의 사람들을 크게 뒤섞이게 했습니다. 또한 게르만 족의 대이동과 바이킹의 활약도 유럽의 인구 이동에서 빼놓을 수 없는 요인입니다.

1200년경 몽골의 칭기즈 칸이 유럽을 침공했는데 이때에도 또 한 번 커다란 인구 이동이 일어나지요. 하지만 가장 큰 인구 이동은 제국주의 시대에 일어났다고 할 수 있습니다.

▲ 칭기즈 칸.

제국주의가 뭐죠?[36]

'제국(帝國)'은 '임금 혹은 주인의 나라'라는 뜻입니다. 제국주의는 임금 혹은 주인의 나라를 추구하는 이론이라고 할 수 있습니다. 여기에는 자기 나라의 이익을 위해 다른 나라를 하인으로 삼겠다는 의도가 담겨 있습니다.

역사에서 제국주의 시대는 16세기에서 19세기까지 유럽의 여러 나라—영국, 프랑스, 독일, 벨기에, 이탈리아, 에스파냐, 포르투갈 등—가 아프리카를 자기들의 식민지로 만들어 착취하던 때를 말합니다. 이들 국가를 '제국주의 국가'라고 부르지요. 유럽 제국주의 국가

19세기 제국주의는 천연자원 확보, 값싼 노동력 확보, 시장 확보에 주력했다. 즉 식민지의 천연자원을 빼앗아 가고, 임금이 낮은 노동자(와 노예)를 시켜서 물건을 만들고, 식민지 국가를 자기들의 상품을 팔 수 있는 시장으로 삼는 것이다.

들은 뒷날 아메리카 대륙과 아시아까지 식민지를 넓혀서 당시 대부분의 나라는 주인과 하인, 둘 중 하나가 됩니다. 아프리카의 몇몇 나라에서 프랑스 어를 사용하는 것이나 인도와 싱가포르에서 영어가 통용되는 까닭이 이 때문입니다.

제국주의가 어떻게 사람들을 이동하게 했는데요?[37]

어떤 나라를 식민지로 만드는 과정은 전쟁과 같습니다. 전쟁이 사람들을 이동시킨다는 것은 앞서 말했죠? 점령국 사람들이 이주해 오고, 식민지 사람들은 노동자나 노예로 전락하고…….

제국주의 시대가 끝난 뒤에는 식민지 사람들이 점령국으로 이민을 왔는데, 예를 들면 인도 사람들은 영국으로, 알제리와 베트남 사람들은 프랑스로 이동했습니다.

▲ 제국주의의 야심을 보여 주는 당시의 시사만평. 영구, 일본 등 제국주의 국가들이 파이를 나누어 먹듯 중국을 자기들 마음대로 나누고 있다.

아프리카 인들도 제국주의 시대에 이동을 했나요?[38]

아프리카 인들은 제국주의 시대 이전부터 유럽과 중동으로 자의 반 타의 반 이동했습니다. 제국주의 시대에는 유럽 국가들이 국가 차원에서 대규모로 아프리카 인들을 포획해서 유럽과 아메리카 대륙에 노예로 데려갔습니다. 19세기 후반에는 그 수가 1500만 명에 이르렀어요. 노예 제도가 폐지되고 나서 아프리카 인들은 아메리카 대륙 곳곳에 정착해 그곳 사람들이 되었답니다.

아메리카 대륙에는 아프리카 인들만 이주를 했나요?[39]

1492년 이탈리아의 탐험가 콜럼버스가 아메리카 대륙의 존재를 유럽에 알리고부터 영국과 프랑스, 유럽 각국에서 이주자들이 몰려들었습니다. 아프리카 인들은 그 이후에 왔지요. 북아메리카 대륙에는 영국 사람들이 특히 많았습니다.

영국 사람들은 왜 그렇게 멀고 먼, 알지도 못하는 곳으로 이주를 했나요?[40]

사연이 있어요. 당시 영국에서는 대부분의 국민들이 영국 국교회를 믿었습니다. 개신교를 믿는 사람들은 목소리를 내기 힘들었지요. 이런 분위기에서 마침내 400여 명의 개신교도들이 메이플라워호를 타고 아메리카로 떠납니다. 이를 시작으로 영국 내의 개신교도들의 이주가 이어졌고 다른 나라의 개신교도들도 뒤따라왔습니다. 이런 까닭으로 지금 미국에는 개신교도들이 많습니다.

▲ 메이플라워호

그 이후에는 어떻게 되었죠?[41]

이후 많은 사람들이 북아메리카 대륙으로 향했는데, 특히 아일랜드 대기근 때 아일랜드 사람들이 대거 이민을 떠났습니다. 그다음에는 이탈리아 인과 유대 인이 많이 갔고요. 아시아에서도 이민이 이루어졌죠. 이들은 대부분 일자리를 찾아, 가난을 벗어나기 위해, 또는 새로운 삶을 동경해서 미국으로 건너간 사람들입니다. 그 사람들에게 미국은 기회의 땅이었죠. 당시 미국은 땅은 넓고 사람이 부족했습니다.

사람들은 미국에 가면 더 나은 생활을 할 수 있다는 꿈에 부풀었다. 이를 아메리칸드림이라 한다.

남아메리카에는 사람들이 가지 않았나요?[42]

영국과 프랑스가 북아메리카 대륙에서 세력 다툼을 할 때, 포르투

▲ 남아메리카 잉카 제국의 왕 아타우알파의 최후. 에스파냐 군은 잉카 제국의 왕을 손쉽게 붙잡아 모략을 꾸며 공개 처형했다. 이와 밈께 잉카 제국도 몰락했다(1533년경).

갈과 에스파냐는 남아메리카 대륙에서 세력 다툼을 벌였습니다. 이들은 원주민(인디오)을 내쫓고 포르투갈 어와 에스파냐 어를 쓰는 나라를 세웠습니다. 따라서 남아메리카에는 포르투갈과 에스파냐에서 많은 사람들이 이주를 해 왔지요.

근대의 이동과 정착

사람들은 가고 싶으면 어느 나라든 다 갈 수 있나요?[43]

여행은 할 수 있지만, 이민은 좀 까다롭습니다. 땅과 자원, 사회 기반 시설 등 여러 여건을 고려해 이민자의 수를 조절하기 때문입니다. 나라마다 선호하는 이민자도 다릅니다. 어떤 나라에는 고급 기술자가 필요하고 어떤 나라에는 노동자가 필요할 수 있으니까요. 해당국의 요구 조건을 맞추면 비자, 즉 입국 허가증이 나옵니다. 이것이 없으면 이민을 갈 수 없지요. 떠나는 나라에서도 허가를 받아야 해요. 출국 허가를 못 받으면 비자가 있어도 다른 나라로 갈 수 없어요. 나라와 나라 사이에서 합법적으로 이루어지는 게 이민입니다.

그럼 합법적으로 이루어지지 않는 경우도 있나요?[44]

몰래 외국으로 도망가거나 허가를 받지 않고 불법으로 들어가는 경

각 나라의 여권들. 가장 오른쪽이 한국 여권이다.

우가 있어요. 멕시코와 접한 미국 국경 지대에서는 하루에도 수십 명의 밀입국자들이 붙잡힙니다. 이탈리아를 비롯한 남유럽 국가들에서도 밀입국하는 아프리카 사람들을 종종 볼 수 있습니다. 밀입국에 성공해 체류하는 사람도 많아요. 이들을 가리켜 '불법 체류자', '서류 없는 사람들', '미등록 사람들'이라고 합니다. 난민과 망명자도 서류가 없기는 마찬가지지만 예외적으로 체류나 이민을 할 수 있게 해 줍니다.

난민과 망명자는 어떤 사람들인가요? [45]

난민은 전쟁이나 천재지변 등으로 도저히 그 지역, 그 나라에서 살수 없어서 피난을 오는 사람들이에요. 망명은 정치적인 견해가 달라서 혹은 종교적인 이유로 자기 나라를 떠나는 것을 말합니다. 자기 나라에서 핍박받을 위험이 있을 때 망명 신청을 할 수 있습니다. 일제 강점기에 독립운동가들이 중국으로 망명해 임시 정부를 수립했던 일을 알 거예요. 이를 '망명 정부'라고 합니다.

티베트의 지도자 달라이 라마도 인도에 망명해 있는데, 중국이 티베트를 점령한 것에 맞서서 투쟁을 벌이다가 도피한 것입니다. 달라이

제2차 세계 대전이 끝나자 전쟁 난민을 보호하기 위해 국제 난민 기구(IRO)가 만들어섰나. 국제 난민 기구가 폐지된 후 국제 연합 난민 고등 판무관 사무소(UNHCR)가 새롭게 설치되어 전 세계 난민을 돌보고 있나. 한국에노 최근 난민 신청자가 많이 늘었는데 승인은 10퍼센트 정도에 머물고 있다.

라마가 망명을 하지 않고 티베트에 남아 있었다면 그의 목숨은 위태로웠을 것입니다. 티베트의 망명 정부도 지금 인도에 있습니다.

요즘에도 난민이 있나요?[46]

그럼요. 아직도 지구 곳곳에서 전쟁이 벌어지고 천재지변이 생기고 있으니까요. 보트피플이 대표적인 경우입니다.

보트피플이라고요?[47]

베트남 내전이 공산주의를 내세우는 북베트남의 승리로 끝나자 100만 명에 이르는 남베트남 사람들이 보복의 두려움과 정책에 대한 불만, 생활 곤란의 이유로 작은 배에 몸을 싣고 베트남을 떠났어요. 이 사람들을 보트피플이라고 하는데, 이들 중 많은 사람들이 풍랑으로 목숨을 잃었어요. 생존한 사람들은 미국과 다른 여러 나라에 정착했습니다. 베트남의 보트피플은 난민에 대한 전 세계 여론을 크게 환기시켰습니다.

▲ 보트피플. 이들은 큰 배에 구조되기를 기대하며 망망대해를 떠돌았다.

다른 나라로 이민을 가면 다른 나라 사람이 되나요?[48]

그렇지 않습니다. 다른 나라로 이민을 갈 때는 보통 그 나라의 영주권을 받고 가는데, 영주권은 국적과는 다릅니다. 말 그대로 그 나

라에 영원히 거주할 수 있는 권리를 말합니다. 따라서 이민을 간다
고 해서 국적이 바뀌는 것은 아니에요. 재외 국민이란 말 들어 보았
나요?

재외 국민에게 투표권을 준다는 뉴스를 본 적 있어요.[49]

재외 국민은 외국에 거주하면서 그곳의 영주권을 지닌 한국 국민입
니다. 국적이 한국이기 때문에 투표권을 행사하도록 한 거예요. 그런
데 외국에서 영주권을 가지고 몇 년간 거주하면 해당 국가의 시민권
을 신청할 수 있습니다. 시민권은 국적과 같은 효력이 있습니다. 미국
은 이중 국적을 허용힙니다. 따라시 한국 국직을 그대로 유지하면서
미국 국적도 가질 수 있습니다. 한국은 아주 예외적인 경우가 아니라
면 이중 국적을 허용하지 않습니다.

옛날부터 지금까지 사람들은 갖가지 이유로 이동을 하네요.[50]

사람들은 앞으로도 계속 이동과 유랑을 할 거예요. 문화 역시 사람
들을 따라다니며 섞이고 흡수되고 어울리고 충돌을 합니다. 다문화
는 인류 역사와 함께 시작되었다고 할 수 있어요.

3

인종의 덫에 걸린 다문화

경계심

너무 멀리 간 것 같아요. 다문화로 다시 돌아가면…….[51]

서로 다른 문화가 함께 있게 된 까닭을 얘기하다가 여기까지 왔지요.

서로 다른 문화라고 했는데 서로 다른 문화는 왜 생기는 거죠?[52]

아주 오랜 옛날을 떠올리면 짐작할 수 있어요. 인류는 초기에 부족끼리 작은 마을을 이루고 살았어요. 각각의 마을은 산이나 강이 자연스런 경계를 만들어 주었습니다. 산이나 강 때문에 이동이 자유롭지 않다 보니 마을마다 각기 다른 생활 방식이나 습관이 어느 정도 유지될 수 있었지요.

한 지역의 지형과 기후도 문화가 만들어지는 데 영향을 끼칩니다. 예를 들면 사막 부근에 사는 사람들은 모래바람 때문에 온몸을 감싸는 커다란 천이 필요했어요. 이것이 그들의 옷이 되었죠. 에스키모는 추위를 막기 위해 털가죽으로 옷을 해 입고 이글루라는 얼음집에서 살지요. 의식주를 문화의 가장 기본적인 형태로 본다면 지역마다 문화가 다른 것은 자연스럽고 또 그럴 수밖에 없는 일입니다.

생전 처음 보는 문화를 접하면 저도 모르게 경계를 할 때가 있어요.[53]

그런 성향의 근거를 일부 학자들은 동물의 영역 보호 본능에서 찾아요. 누가 자기 영역 안으로 들어오면 영역을 지키기 위해 일단 으르렁거리며 경계를 한다는 거죠. 어쨌든 경계심을 오래 갖고 있으면 곤란합니다.

경계심을 오래 가지고 있으면 어떻게 되나요?[54]

사람들은 어떤 것을 오래도록 경계하기 힘들어요. 경계를 하려면 계속 긴장을 해야 하는데 에너지가 많이 드는 일입니다. 그러면서도 마음속은 혼란스럽습니다. 혼란에서 벗어나기 위해 우리의 두뇌는 어떻게든 새로운 것에 대해 빨리 판단을 내리고 싶어 해요. '좋다' 혹은 '싫다' 식으로요. 그런데 좋다는 쪽보다는 싫다는 쪽의 판단이 간단할 수 있어요. 일단 싫다는 쪽으로 마음이 기울면 거부나 폄하가 뒤따라오기 쉬워요.

폄하가 무슨 뜻이죠?[55]

어려운 한자말을 썼군요. 어떤 문화를 폄하한다는 것은 그것을 열등하게 보는 것입니다. 문화에는 좋고 나쁜 것도 없고, 열등하거나 우월한 것도 없어요. 예를 들어 동양 사람들은 주로 좌식 문화를 갖고 있고 서양 사람들은 입식 문화를 갖고 있는데 좌식 문화가 입식 문화보다 모자라 보이나요? 뒤떨어진 문화인가요?

아뇨![56]

그렇죠! 젓가락을 쓰는 게 포크를 쓰는 것보다 뒤떨어진 문화는 아니잖아요. 머리에 두건을 쓰고 다니는 것이 맨머리로 다니는 것보다 열등한 것은 아닙니다. 어지 들이 치마를 입는다고 해서 바지를 입는 남자들에 비해

자신의 문화를 우선적으로 생각하는 것을 '자문화 중심주의'라고 한다. 자문화 중심주의자들은 자신의 문화가 다른 어느 문화에 비해 옳고 타당하며 우월하다고 믿는 반면, 다른 문화는 뒤떨어지고 야만적이라고까지 생각한다. 이는 다른 문화에 대한 배척과 혐오를 부추길 수 있다. 이에 반하는 것이 '문화 상대주의'이다. 문화 상대주의란 자신의 문화의 가치로 다른 문화를 판단해서는 안 된다는 생각이다. 다른 문화를 존중하는 태도는 긍정적이지만 자칫 명예 살인과 같은 풍습도 용인하게 된다는 허점이 있다.

▼ 스코틀랜드 전통 의상을 입은 남자들.

열등한 것은 아니죠.

영국 스코틀랜드 남자들은 가끔 치마를 입습니다. 그것이 그들의 전통 복장이에요. 예전에 서양 남자들은 풍선처럼 부푼 반바지에 타이츠를 신었어요. 지금은 우스꽝스럽게 보이지만 당시에는 너무나 당연한 것이었습니다. 우리 선조들도 100년 전만 해도 머리를 자르지 않고 계속 길렀습니다. 남자들은 상투를 틀어 위로 올려 묶고 여자들은 쪽을 지어 비녀를 꽂았어요. 하지만 지금은 어떻죠?

지금 그렇게 하고 나가면 길 가는 사람들이 다 쳐다볼 것 같아요. [57]

굉장히 눈길을 끌 거예요. 영화 촬영을 나온 거라고 생각할 수도 있죠. 문화를 보는 관점도 시대에 따라 다른데 어떻게 우리와 같지 않다고 해서 무시하거나 배척할 수 있겠어요?

무시하거나 배척하는 경우도 있나요? [58]

외국인 혐오증(제노포비아)˙이란 용어가 있어요. 내가 사는 곳이 아닌 '다른 곳'에서 온 사람들에게 반감과 혐오를 품는 것을 말합니다. 여기서 외국인이란 외국 국적을 가진 사람들뿐 아니라 다른 나라, 다른 민족, 다른 문화권 사람들을 모두 포함하고 있습니다.

제노포비아(xenopho-bia)의 제노(xeno)는 '외국인', 포비아(phobia)는 '공포'를 뜻하는 라틴 어이다. 공포는 과도한 망상으로 두려움과 경계심 등 부정적인 감정이 부풀려졌음을 내포한다. 따라서 제노포비아는 정상적인 증상이 아니라 우리 안에서 생겨난 망상적인 증상으로 볼 수 있다.

외국인 혐오증과 인종주의

외국인 혐오증이란 용어가 따로 있는지는 몰랐어요.[59]

예를 들어 볼게요. 도서관에 자리가 별로 없는데 누가(Z라고 부릅시다) 책을 보러 들어왔다 쳐요. 다른 책상은 다 찼고 어느 책상에만 빈 의자가 하나 남아 있어요. 하지만 이미 앉아 있는 사람들이 자리를 넓게 쓰고 있어서 Z에게 자리를 내주려면 모두 자리를 좁혀 앉아야 할 형편이에요.

어떤 사람 A는 귀찮은 마음이 늘 테고, 어떤 사람 B는 자기가 양보할 필요는 없다고 생각할 테고, 어떤 사람 C는 관심은 있지만 먼저 나서고 싶지는 않아요. 그중 한 사람인 D는 자기도 그렇게 해서 자리에 앉았으니까 당연히 Z의 자리도 만들어 주어야 한다고 생각하고는 일어나 자기 자리를 좁힙니다. 그러자 나머지 사람들도 조금씩 움직여 Z의 자리를 만들어 주지요. 이것이 우리 사회예요. 훨씬 복잡하지만요.

그런데 그중 E라는 사람은 Z 때문에 자기가 피해를 보았다고 생각할 수 있어요. 자리가 좁아져서 책도 활짝 펼쳐 놓을 수 없

고 공부가 맥이 끊겨 그다음부터 집중도 안 되고. 그래서 바람 좀 쐬고 와야지 하고 나갔다가 친구를 만나 놀았다고 쳐요. 그러다 시험을 못 보면 '아, 그때 그 새로 와 앉은 녀석 때문에 공부를 못 해서 시험을 망쳤잖아.' 하고 스스로에게 핑계를 대기 쉽답니다.

게다가 모두들 오른손으로 볼펜을 돌리는데 Z만 볼펜을 왼손으로 돌린다면 그것도 싫겠죠? 만약 Z가 특정 나라나 특정 고장 사람이라면 '거기 사람들은 다 그럴 거야.' 하는 편견을 갖게 될지도 모릅니다. 물론 이건 극단적인 경우예요. 세상일이 이렇게만 돌아간다면 서로 미워하는 마음만 가득할 거예요.

한번은 지하철에서 어떤 할아버지가 앞에 선 흑인을 빤히 쳐다보더니 뭐라고 한 적이 있어요. 그걸 보고 있는데 기분이 안 좋고 무서웠어요.[60]

그 흑인이 할아버지에게 아무 불편을 끼치지 않았는데도 그랬다면 그건 인종, 즉 피부색에 대한 편견을 갖고 있는 거예요. 이를 '인종주의'라고 하지요. 외국인 혐오증이나 낯선 문화에 대한 편견과 배척도 인종주의의 한 모습입니다.

인종주의에 대해 좀 더 설명해 주세요.[61]

한마디로 말하면 인종주의는 지구의 모든 인간을 신체적 혹은 문화적 특징에 따라 구별 지을 수 있으며 어떤 인종은 태어날 때부터 우월하고 어떤 인종은 태어날 때부터 열등하다는 주장입니다. 물론 인종주의자들은 자기네 인종이 다른 인종에 비해 우월하다고 생각합니다. 이 때문에 인종주의란 낱말은 인종 차별을 어느 정도 내포하고 있어요. 인종주의자들은 자기들 주장을 스스로 입증하기 위해 다른 부류, 특히 자기들보다 약한 처지의 사람들을 얕잡아 봅니다.
배척, 조롱, 멸시, 혐오 등의 낱말이 여기에 쓰일 수 있어요.

인종주의자들을 어떻게 알아보죠?[62]

아마 어느 누구도 자신이 인종주의자라고 말하는 사람은 없을 것입니다(다만 극우주의 성향을 보이는 사람들은 있지요). 인종주의자가 따로 있는 것이 아니라 인종 차별적인 언행을 했을 때 우리는 그 사람을 인종주의자라고 말합니다. 어쩌면 우리 모두가 그런 성향을 갖고 있을지도 모르죠.

극우주의(極右主義)는 지나치게 자기 나라의 전통과 문화, 현 체계를 맹신하고 수호하려는 관념이다. 보수주의도 같은 성향을 띠지만 극우주의는 그 강도가 훨씬 세다.

누구나 인종주의자가 될 수 있다는 말인가요?[63]

불행하게도 그래요. 누군가를 얕잡아 보는 일은 어느 곳에서나 사소하게 일어나고 있어요. 학교에서도 아이들 간에 '따돌림' 현상이 있잖아요.

학교에서의 따돌림 현상이 인종주의와 연관이 있다고요?[64]

나와 다르다고 생각해서 남을 얕잡아 본다는 점에서는 인종주의와 뿌리가 같지요. 〈구약 성경〉에는 카인과 아벨의 갈등이 나옵니다. 결국 카인은 동생 아벨을 죽이고 도망칩니다. 친형제 사이에도 이런 일이 벌어진다는 것을 알겠죠?

새들에게서도 이와 유사한 일이 목격됩니다. 먹이가 충분치 않을 때(대부분 그렇습니다만) 가장 힘없는 막내를 그 바로 위 형제가 둥지 밖으로 밀어 내는 것입니다. 이를 새들의 형제 살해라고 합니다. 동생이 없어지면 자기에게 더 많은 먹이가 돌아온다는 생각 때문이지만

▲ 인종 차별의 한 예. 아
일랜드 인과 흑인을 공공
연히 차별했던 당시 상황
을 엿볼 수 있다.

사실 막내의 몫까지 먹는 것은 첫째, 즉 가장 힘센 새끼입니다. 어쨌든 형에게 동생은 남입니다. 인종주의자들에게 남은 곧 다른 인종입니다.

결국 인종주의는 남에 대한 피해 의식이나 탐욕에서 생기는 것임을 알 수 있습니다. '저 사람 때문에 혹시 내가 뭔가 피해 보는 건 아닐까?' 하는 생각과 '내가 저 사람보다 더 많이 가져야지. 저 사람 것을 빼앗아 내 것을 더 크게 부풀려야지.' 하는 생각이죠.

그런 생각을 전혀 안 하고 사는 사람은 없겠죠. 평소에는 전혀 안 하더라도 어떤 구체적인 상황에 놓이면 유혹을 받아요. 예를 들어 지갑이 길에 떨어져 있는데 아무도 보고 있지 않다면 지갑을 주워 들고 싶지 않을까요? 내가 그런 상황에 있지 않다 해도 내 주위 사람들은 어쩌면 지금 그런 상황에 빠져 있을 수 있습니다. 오늘이 아니면 내일 그런 상황에 맞닥뜨릴 수 있고요. 이렇게 보면 우리 모두가 잠재적인 인종주의자입니다.

그게 사실이라면 사회가 불안하고 위험할 것 같아요.[65]

하지만 누구나 반인종주의자, 즉 평화주의자가 될 수 있지요. 우리에게는 그런 성향도 있으니까요. 그리고 우리에게는 우리가 마음먹은 대로 될 수 있는 자유가 있습니다. 돈 한 푼 들이지 않고 학원에 가지 않아도 그렇게 될 수 있지요. 보다 확고한 평화주의자가 되기 위해 이런 대화를 하고 있는 거예요. 인종주의자가 많아지면 사회가 위험할 것 같다는 생각은 맞습니다. 많은 사람들이 인종주의로 뭉친다면, 그리고 그들이 힘을 과시할 여러 요소가 결합한다면 끔찍하고 어처구니없는 범죄가 벌어질 수 있습니다.

아메리카의 분노

인종주의 때문에요? 어떤 일이 있었는데요?[66]

전쟁, 대량 학살이나 대량 이주, 난민 등이 대부분 이에 관련되어 있지요. 가장 대표적인 것이 아메리카 대륙에서의 원주민 말살입니다.

아메리카 대륙의 원주민 말살이요?[67]

서구 제국주의 국가들은 동물을 사냥하듯 닥치는 대로 원주민을 학살했어요. '착한 인디언은 죽은 인디언일 뿐이다.'는 말이 유행할 정도였습니다. 원주민들을 다 죽일 수 없으니 나중에는 사람이 살기 힘든 서부 사막 지대로 내쫓았습니다. 100만 명에 달했던 원주민의 수가 지금은 5만 명 정도밖에 되지 않아요.

손님이 들어와 주인을 쫓아낸 거네요?[68]

맞아요. 서구에서는 신대륙을 발견했다고 흥분했지만 아메리카 대륙은 그냥 거기 있었을 뿐이에요. 사람들이 잘 살고 있었죠. 빈집이 아니었어요. 한 가지 더 가슴 아픈 일은 서구인들이 전염병을 옮겨서 그나마 남아 있던 원주민들이 떼죽음을 당했다는 겁니다. 그 병은 원주민들에게는 면역이 안 된 전혀 새로운 병이었어요.

서구인들은 남아메리카의 고대 문명도 무너뜨렸습니다. 뛰어난 건축술과 공동체 생활, 언어, 정신세계 등은 원주민뿐 아니라 인류 모두에게 잃어버린 유산이 되었습니다. 원주민을 몰아내고 서구인들이 자기들 국가를 세운 것은 오스트레일리아에서도 마찬가지였어요.

미국 정부는 1830년부터 1906년까지 미시시피 강 서쪽 지역에 인디언 특별 보호 구역을 만들어 원주민을 이주시켰다. 당시 수용된 원주민 수는 40만 명에 그쳤다.

에스파냐 인들이 오기 전, 남아메리카에는 아즈텍 문명, 마야 문명, 잉카 문명이 번성하고 있었다. 그 중 잉카 문명을 이룬 잉카 제국은 지금의 페루 남쪽에 수도를 두고 광대한 지역을 다스리는 부유한 국가였다.

오스트레일리아 원주민들도 아메리카 원주민만큼이나 엄청난 고통을 겪었습니다.

아무리 예의 없는 손님이라도 그럴 수는 없을 것 같은데요.[69]
초기 이주민들이 생판 모르는 낯선 땅에 정착할 수 있었던 것은 원주민들 덕분이에요. 기후나 토양, 농사법 등 하나부터 열까지 보고 배워야 했을 것입니다. 원주민들 역시 서구 이주민들에게 동정을 베풀었어요. 오로지 살기 위해 가족들을 데리고 그 먼 데서 찾아왔으니까요.

그런데 얼마 안 되어 서구인들은 아메리카 대륙이 거대한 보물 창고라는 것을 알게 되었습니다. 보물을 차지하려면 원래 있던 사람들을 몰아내야 했지요. 서구인들은 점차 아메리카 원주민들이 미개하

▼ 1892년경 와이오밍 인디언 보호 구역의 풍경.

▲ 아메리카 내륙의 여러 부족 원주민들.

고 야만스럽다고 떠들어 댔습니다. 이들 야만적인 인종에게 기독교를 비롯해 자기들의 눈부신 문명과 문화를 전파하는 것을 백인의 짐(의무)˙˙이라고 선전했어요.

백인의 짐이라고요? 누가 그런 짐을 백인들에게 지웠죠?[70]

아무도 짐을 지우지 않았어요. 그들 스스로 짐—사실 짐이 아니라 총과 폭탄이었지만—을 지면서 침략과 정복을 정당화하려고 했습니다. 일종의 과대망상증이에요.

아메리카 원주민들은 서구인들의 침략을 어떻게 받아들였나요?[71]

서구인들이 오기 전 그들은 소박한 공동체 생활을 하면서 물질적으로나 정신적으로나 부족함이 없었습니다. 그래서 처음에 서구인들이 왜 왔는지, 무슨 짓을 하려고 하는지 알지 못했어요. 전투를 할 생각도 없었습니다만, 어쩌다 전투가 벌어지면 원주민들은 서구인을 물리치고 그 지역을 떠났습니다. 전투의 의미를 정복에 두지 않은 거예요. 원주민 군대가 가고 나면 서구인 군대가 다시 와서 자기들 깃발을 꽂고 자기들 땅임을 주장했지요.

나중에 원주민들은 서구인들이 땅만 빼앗으려는 게 아니라 자기 동족을 완전히 말살하려 한다는 것을 알고 몹시 분노했습니다. 아메리카 대륙 곳곳에서 원주민 부족들이 들고 일어났어요. 이를 역사에서는 인디언 전쟁이라고 합니다.

인디언 전쟁이라고요? 그런 말은 처음 들었어요.[72]

인디언, 즉 아메리카 원주민들의 투쟁의 역사는 우리에게 잘 알려져 있지 않아요. 미국의 개척 정신(아메리카 대륙을 황무지에 비유하고 정복을 개척으로 미화했다)이 먼저 들어왔으니까요.

아메리카 원주민들은 개척 정신에 물든 서구인들에게 격렬하게 대항했지만 화살로는 총과 대포를 이길 수 없었어요. 이 과정에서 많은 원주민 부족들은 멸족을 하고 살아남은 사람들은 보호 구역으로 강제 이주를 합니다. 사실은 보호 구역이 아니라 거대한 강제 수용소였지요. 마지막까지 저항을 한 부족은 아파치 족이에요. 원주민과 서구 이주민의 갈등은 미약하게나마 지금도 남아 있어요.

아프리카의 눈물

그다음으로 큰일은 아프리카 노예 무역인가요?[73]

네, 그래요. 아프리카는 더 고약한 일을 당했다고 할 수 있지요. 멀쩡한 사람들이 노예가 되었으니까요. 아프리카가 수탈당한 역사도 꽤 오래됩니다. 1488년 바르톨로뮤 디아스라는 포르투갈 사람이 남아프리카공화국의 희망봉에 발을 디디고 그 존재를 유럽에 알린 것을 시작으로 본다면 500년이 훌쩍 넘습니다.

아프리카는 당시 어떤 형편이었나요?[74]

서구인들이 몰려오기 전에 아프리카 대륙은 빈곤하지도 않았고 굶주리지도 않았습니다. 1500년경에는 유럽보다 형편이 나았다고 합니다. 좀 느슨한 형태이긴 해도 몇몇 왕이 나라를 다스리고 있었고 농경을 해서 식량을 자급자족할 수 있었어요. 중국인들이나 이슬람 국가들과 우호적으로 교역을 했고 포르투갈에 건너가 자유롭게 살기도 했습니다. 유럽에 정착한 아프리카 인들도 있었고요.

그러면 노예는 어떻게 해서 생긴 건가요?[75]

서구인들은 아메리카 대륙에 사탕수수와 면화, 담배 농장을 대규모로 만들었어요. 그런데 아메리카 원주민들을 대량 학살하고 나니 일할 사람이 부족했어요. 그래서 아프리카에서 사람을 붙잡아 와 노예로 부릴 생각을 했던 것이죠. 그때부터 갑작스레 인종, 피부 색에 대한 멸시감이 유행병처럼 번지면서 노예 매매가 생겨난 거예요. 한

편, 아프리카 인들이 아메리카 대륙에 투입되자 아메리카와 유럽, 아프리카 대륙 간의 삼각 무역[*]이 자리를 잡았습니다. 그런 구조에서 노예 매매는 완전히 뿌리를 내려 제국주의의 익숙한 일상이 되었어요.

그전에도 노예는 있었죠? 전쟁 포로들이 노예가 되곤 했다고 앞서 말했잖아요.[76]

물론이에요. 로마에서 1000년 동안을 노예로 살아왔던 유대 인들이 대표적인 예죠. 하지만 제국주의 시대의 노예 매매에서 주목해야 할 것은 백인이 흑인에게 가했다는 점(피부색에 대한 우월감), 그리고 주로 기독교를 믿는 백인 국가들이 경쟁적으로 여기에 뛰어들었다는 점(종교에 대한 우월감)입니다.

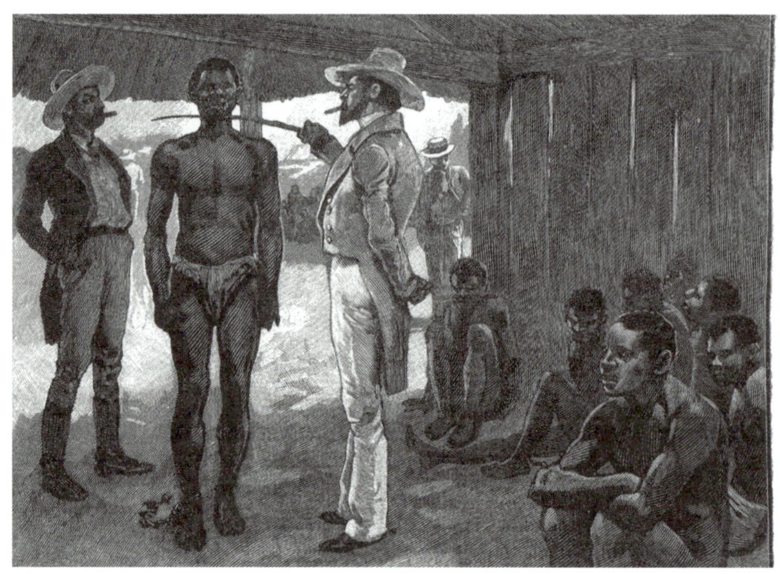

▲ 노예 매매 풍경.

다른 종교를 가진 백인 국가들은 이에 가담하지 않았나요?[77]

이슬람교 국가들은 적극적으로 나서지 않았습니다. 하지만 그들도 아프리카에서 노예를 받아들여 자기들의 부족한 노동력을 채웠어요. 이슬람교도들의 성서인 〈코란〉에는 같은 이슬람 사람을 노예로 삼을 수 없다는 조항이 있습니다. 이것을 명분 삼아 아프리카에서 많은 노예를 들여왔습니다.

왜 기독교를 믿는 백인들이 더 이런 일에 앞장섰나요?[78]

인종 간, 종교 간의 문제는 복잡하고 지나치게 민감할 뿐더러 동양인들과는 거리가 있습니다. 여기에 빌목을 잡히다가는 길을 잃기 쉬워요. 다만 당시 유럽에서 세력을 부풀린 나라들이 대부분 기독교를 믿는 백인 국가들이었고 이들은 자기네들의 종교를 비롯해 문화와 문명, 기술에 대한 우월감이 극에 달했다는 것을 알아 둘 필요가 있습니다.

하지만 모든 서구인들이 다 그랬던 건 아니에요. 평민들은 여전히 가난했고 나라 밖에서 무슨 일이 벌어지고 있는지 잘 몰랐을 거예요. 노예를 소유할 만한 사람들은 부유층이었으니까요. 부유층들은 노예를 부려 더욱 재산을 늘리고 싶어 했고, 정치가들은 권력 확대에 도취되어 침략과 갈취를 일삼았습니다.

평민들은 여전히 가난했다고요? 서구인들 중에도 가난했던 사람들이 있었나요?[79]

영화에서처럼 다 잘 차려입고 파티만 하고 살았을 거 같죠? 그렇지 않아요. 다른 대륙보다 덜했을지 모르지만 유럽도 평민들은 헐벗고 굶주렸어요. 그래서 각국 정부들은 이들에게 아메리카나 오스트레일리아로의 이주를 권했습니다. 모든 서구인들이 제국주의에 편승하지 않았다 하더라도 서구 국가들은 아프리카와 아메리카, 남아시아에 사과를 해야 해요.

어떻게 멀쩡한 사람들을 노예로 만들 수 있었는지 모르겠어요. [80]

아메리카 대륙에서도 그랬던 것처럼 제국주의 국가들은 아프리카 인들을 반쯤 벌거벗은 미개인, 또는 동물과 사람의 중간쯤 되는 야만인으로 몰아갔습니다. 말도 통하지 않고 (서구인의 입장에서) 비문명적인 생활을 하고 기독교를 믿지 않았으니까요. 아프리카 인들과 직접적으로 접촉하지 않은 서구인들은 이에 쉽게 넘어갔습니다. 아프리카 인들을 붙잡아 박람회에서 순회 전시도 하고 프랑스 파리에서는 공원 한쪽에 아프리카 인 일가족을 가두어 두고 관람을 시킬 정도였어요.

믿을 수 없는 이야기죠? 당시 학자들은 아프리카 인들이 백인들과는 다른 인종임을 입증하기 위해 그들의 피부색뿐 아니라 머리 크기나 코와 이의 모양까지 조사를 벌였어요.

그래서 다른 인종이라는 것을 입증했나요? [81]

오히려 그 반대였죠. 조사를 하면 할수록 인종을 만들어 낼 수 없다는 결론에 이르렀거든요. 예를 들어 코의 너비를 기준으로 상위 인종과 하위 인종을 나눈다면 너비가 몇 센티미터가 되어야 상위 인종에 속한다고 해야 할지 기준이 모호하지 않겠어요? 서구인들 중에 유달리 코의 너비가 넓은 사람이 있다면 그는 흑인과 마찬가지로

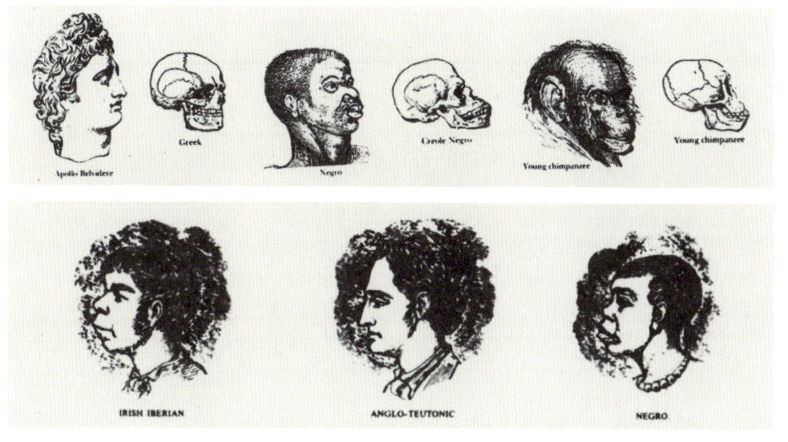

◀ 19세기 중반의 한 삽화. 인종을 나눌 수 있음을 주장하는 글과 함께 실렸다.

◀ 유럽 인을 가운데 놓고 아일랜드 인(왼쪽)과 아프리카 인(오른쪽)을 비교해 그린 삽화(연대 미상).

하위 인종으로 분류되어야 해요. 유럽과 아프리카의 모든 사람들을 다 조사할 수도 없고, 예외를 너무 많이 둘 수도 없고, 기준도 제각각이고……. 그래서 '만약 인종이 다르다면 인종의 권리도 다른 것이 당연하다.'라며 얼버무렸죠. 인종을 나눌 수 있다는 말은 아니었지만 이 발언은 백인 우월주의를 부추기기에는 충분했습니다.

아프리카 사람들은 저항을 하지 않았나요?[82]

마땅히 저항을 했습니다만, 침략군은 이 저항을 무자비하게 진압했습니다. 흔히 하는 말로 게임이 안 되었지요. 왕국은 있었지만 크고 작은 부족들끼리 아프리카의 넓디넓은 대륙 여기저기에 흩어져 살고 있었어요. 그러니 서구에 대항할 조직적인 대규모 군대를 갖출 수 있었겠어요? 게다가 아프리카 대륙에도 금과 다이아몬드, 석유를 비롯한 천연자원이 풍부했습니다. 이 천연자원을 차지하려고 유럽 제국은 아귀다툼을 벌였습니다.

아시아의 악몽

아시아는요?[83]

19세기가 되자 제국주의자들은 아시아까지 세력을 넓혔습니다. 영국이 인도를 점령한 것을 시작으로 다른 나라들도 앞다퉈 동남아시아의 작은 나라들을 쳐들어왔습니다. 프랑스는 베트남을, 미국은 필리핀을, 네덜란드는 인도네시아를……. 나중에 일본이 가세해 아시아는 제국주의 국가들의 땅뺏기 놀이터가 되었습니다. 서로 엎치락뒤치락 세력 싸움을 했고 식민지를 맞바꾸기도 했지요.

아시아 국가들도 저항을 했나요?[84]

그럼요. 자기 나라를 빼앗으려는데 누가 가만히 있겠어요? 특히 인도와 베트남은 점령국에 대항하느라 희생이 컸어요. 인도의 간디가 영국 통치에 비폭력 항거로 맞서던 때가 이때입니다.

▲ 간디. 간디는 영국의 통치에 굴복하지 않는다는 것을 보여 주기 위해 직접 물레를 돌려 옷감을 짰고 수백 명을 이끌고 바다로 나아가 소금을 만들었다. 간디를 중심으로 한 비폭력 불복종 운동에 힘입어 마침내 1947년 인도는 영국에서 독립했다.

아프리카와 아시아 식민지들은 언제 독립을 했나요?[85]

제2차 세계 대전이 끝난 뒤인 1940년대 말부터 1970년대 초까지 하나둘씩 독립을 했습니다. 독립을 얻을 때까지 피비린내 나는 항쟁이 있었어요. 알제리는 100만 명에 이르는 사람들이 죽고 나서야 프랑스에서 독립을 이룰 수 있었어요.

한반도도 아시아인데, 당시 한반도는 어떤 상황이었어요?[86]

동남아시아 나라들과 마찬가지로 한반도 역시 혼란스런 상황이었습니다. 러시아와 일본이 한반도를 놓고 서로 힘을 겨루면서 몇 차례 전쟁이 벌어졌어요. 결국 일본이 세력을 얻으면서 조선은 일본의 지배를 받습니다.

일본은 한반도를 발판으로 해서 중국과 동남아시아를 점령할 야심을 갖고 있었습니다(질문 27 참조). 서구 제국주의 국가들처럼 일본도 자기네들의 앞선 기술과 문명을 미개한 조선에 전달해 준다는 명목으로 한반도를 마구 약탈했습니다.

주로 어떤 것을 빼앗아 갔나요?[87]

무기를 만드는 데 필요한 철, 구리 등의 천연자원과 군인에게 먹일 쌀이 대표적이었어요. 태평양 전쟁이 막바지로 치달을 무렵에는 전국에서 생산되는 쌀의 3분의 2를 가져갔습니다. 백성들은 일 년 농사지은 것을 모두 빼앗기고 배급을 받아 연명했어요. 이렇게 남의 나라 것을 맘대로 약탈해 가는 것도 나쁜 일이지만 일본이 저지른 것 중 절대로 용서할 수 없는 일이 있습니다.

용서할 수 없는 일이라니, 어떤 일인데요?[88]

위안부에 대해 한 번쯤 들어 보았을 거예요. 위안부는 일제 강점기 때 일본 군인의 성 노예가 된 여성을 말합니다. 일본은 12세에서 40세까지의 미혼 여성을 강제로 또는 속여서 데려가 일본군이 있는 중국과 동남아시아 각지에 배치했습니다. 이들은 전투를 하는 일본군을 따라다니며 치욕스럽고 비참한 생활을 했습니다.

일본이 문서를 없애 버려서 피해자들이 얼마나 되는지 정확히 알 수 없지만 20만 명 정도로 추정하고 있어요. 동남아시아 여성과 중국 여성, 일본 여성도 있었지만 한국 여성이 80퍼센트였습니다. 이들은 질병과 굶주림으로도 죽고 폭격을 맞아 죽기도 했지요. 전쟁 말기에는 궁지에 몰린 일본군이 후퇴를 하기 전에 몰살시키기도 했습니다.

제가 아는 어느 할머니도 위안부로 잡혀가지 않으려고 급히 결혼했대요. 어떻게 그런 일이 있을 수 있죠?[89]

지금 나이 드신 어른들께 얘기를 들어 보면 당시 일본 순경이 길에서 아무나 마구 잡아갔다고 합니다. 위안부는 세계 어느 나라에도, 어느 전쟁 역사에도 없는 일입니다. 전쟁 후 살아 돌아온 여성들은 그때의 정신적, 육체적 고통을 악몽처럼 기억하고 있습니다.

신문에서 위안부 할머니들이 집회를 열고 있는 사진을 보았어요.[90]

위안부 희생자들은 1992년 1월 8일부터 주한 일본 대사관 앞에서 수요일마다 집회를 열고 있어요. 위안부 강제 동원에 대한 일본의 사과와 배상을 요구하는 시위 집회로, 많은 일반인들도 여기에 동참하고 있어요. 2011년 12월 14일에 이들의 시위는 1000회를 맞았는데 외국 텔레비전에 크게 보도가 되었습니다. 일본 정부는 그때나 지금이나 입을 꾹 다물고 있지요.

일본에 건너간 사람들도 많이 있었나요? 그 사람들은 거기서 어떻게 지냈나요?[91]

예. 유학 중인 부유층 자녀들도 있었지만 대부분은 가난한 노동자 가족들이었습니다. 강제 징용으로 일본에 끌려왔다가 남게 된 사람들도 있었죠. 생활이 곤궁하지 않을 수 없지요. 당시 일본도 자기들 정부가 벌인 전쟁 때문에 허리띠를 졸라매야 할 형편이었거든요. 그런 상황에서 나라 잃고 힘없는 조선인들은 일본인들에게 쉽사리 혐오와 조롱의 대상이 되었습니다. 간토(관동) 대지진 때의 관동 대학살에는 이런 배경이 있습니다.

관동 대학살이라고요?[92]

1923년 9월 도쿄 인근 간토에서 규모 7.9의 엄청난 지진이 일어납니다. 이로 인해 도쿄를 비롯해 주변 지역의 건물이 무너지고 화재도 발생했어요. 실종자와 이재민 수도 수십만 명에 달했습니다.

지진 때문에 민심이 흉흉해지자 일본 관헌은 엉뚱하게도 조선인들에 대한 유언비어를 퍼뜨렸습니다. 우물에 독을 탔다는 둥, 화재를 일으킨다는 둥, 심지어는 폭동을 계획한다는 것 등이었습니다. 이는 그동안 조선인을 마땅찮게 보던 일부 일본인들에게 좋은 구실이 되

▲ 관동 대학살의 처참한 광경.

▲ 난징 대학살 후 양쯔 강에 버려진 시신들.

▲ 난징 대학살 기념관에 있는 기념 벽화.

었죠. 조선인들은 집이나 거리에서, 혹은 일을 하다가 갑자기 들이닥친 일본 관헌과 자경단*에게 무슨 영문인지도 모른 채 살해당했습니다. 모두 6600명 정도가 희생된 걸로 나와 있지만 실제 사망자 수는 이보다 훨씬 많을 거예요.

누명을 씌워 그렇게 많은 사람들을 죽이다니, 어떻게 그럴 수 있죠?[93]
앞에서 외국인 혐오증 얘길 했죠(질문 58 참조)? 혐오증이 증오와 분노로 번지면 무서운 일이 생긴다는 것도 얘기했는데 관동 대학살이 바로 그런 사건입니다. 그런데 중국에서는 더 큰 일도 벌어졌어요. '난징 대학살'이지요.

난징 대학살이요?[94]

제2차 세계 대전이 벌어지기 전, 당시 중국의 수도였던 난징에서 있었던 학살 사건이에요. 1937년, 일본이 중국을 점령하는 과정에서 일어났습니다. 일본군은 중국에서 자신의 힘을 과시하기 위해 중국 포로와 시민을 포함해 30만 명 가까이 되는 사람들을 학살했습니다. 외국인 혐오증과 적국(전쟁 대상국)에 대한 보복심이 뒤섞인 경우입니다.

30만 명이요? 아이들과 노인들까지요?[95]

기기서 살아남은 사람은 없습니다. 폭탄을 터뜨린 것도 아니고 총과 칼로 닥치는 대로 살해했습니다. 지금 난징 시에는 그때 희생된 시민들을 추모하는 기념관이 있습니다. 그곳을 방문한 참배객들은 기념관 곳곳에 죽은 이들의 비명과 한숨 같은 어떤 기운이 서려 있음을 느낀다고 해요. 희생자 중에는 분명 난징 시로 이주해 살던 조선인도 있었을 것입니다.

제국주의 국가들이 갚아야 할 것들

이해할 수 없어요. 한 나라가 어느 한 나라를 침략한 것도 아니고, 유럽 대부분의 국가들이 아프리카와 아메리카를 몇 백 년 동안 제멋대로 휩쓸고 다녔다니……. 아시아에서는 일본과 세력 다툼을 벌였고요.[96]

사람이 돈에 눈이 멀면 그다음부터는 합리적이고 이성적인 판단을 할 수 없지요. 프랑스 혁명을 통해…….

잠깐! '돈에 눈이 멀면'이라고 했나요? 돈 이야기는 한 번도 나오지 않았잖아요.[97]

돈이란 말은 안 나왔지만 자원이란 말, 보물 창고란 말은 나왔죠. 다이아몬드도 나오지 않았나요? 그게 다 돈이죠. 돈 욕심 때문에 인종을 나누려고 하고, 멀쩡한 사람을 노예로 삼고, 손님으로 가서 주인을 내쫓은 것이에요. 만약 아프리카와 아메리카가 사람이 살기 힘든 곳이었다면, 그리고 아무 자원이 없는 곳이었다면 서구인들이 명백한 운명* 운운하며 침략에 열을 올리지는 않았을 것입니다.

결국 돈과 이윤에 대한 끝없는 갈망, 그리고 그것을 지키고자 하는 마음 때문에 이런 일들이 벌어진 것 아닐까요? 침략과 전쟁이 대부분 그런 맥락을 갖고 있어요. 지금도 크게 달라진 건 없습니다.

조금 전에 하려던 말은 무엇이죠?[98]

프랑스 혁명을 통해 자유, 평등, 박애의 정신을 전 세계에 천명한 프랑스조차 돈 앞에서는 모르는 척했다는 거예요. 자기 민족 혹은 백

* 서구의 백인 기독교도들은 미개한 나라나 민족에게 자신의 문명을 전달하는 것을 '명백한 운명'이라고 칭했다. '백인의 짐'이라는 표현과 함께 제국주의의 침탈의 명분으로 사용했다.

인들만 자유와 평등과 박애를 누리
겠다는 얘기지요. 인류 역사에서 프
랑스 혁명의 의미를 새롭게 따져 볼
필요가 있습니다.

어쨌든 서구 국가들은 식민지 덕분
에 막대한 부(富)를 축적할 수 있었
습니다. 그들이 누리고 있는 부유함
에는 아프리카와 아시아, 아메리카의
피눈물이 깃들어 있다는 것을 인지
해야 힙니다.

제3 세계의 빈곤과 서구 선진국들의

▲ 아프리카 지도. 국경
선이 자로 그은 듯 반듯
하다.

번영은 동전의 양면과 같아요. 그뿐 아니라 그들은 지금 아프리카에
서 벌어지는 내전과 종족 분쟁에도 어느 정도 책임이 있습니다.

책임이라니, 그건 또 왜 그렇죠?

제국주의 국가들이 식민지의 경계를 편의상, 별 생각 없이 그은 것
이 이유 중 하나입니다. 그 경계선이 그대로 국경선이 되는 바람에
정서와 문화, 언어가 서로 다른 부족들이 한 국가에 속하게 되었습
니다. 반면, 같은 부족이 갑작스레 서로 다른 나라로 갈라지는 일도
생겼습니다. 그러니 문제가 안 일어날 수 없지요.

이와 함께 서구 국가들의 다국적 기업도 문제입니다. 이들은 제국주
의 시대 때부터 식민지에서 나는 자원들을 독점 개발해 가져갔습니
다. 이를 통해 막대한 돈을 긁어모았는데 이들 중 일부는 여전히 그
때와 똑같은 방식으로 회사를 경영하고 있습니다.

또한 아프리카 국가들이 식량을 자급자족할 수 없도록 만든 책임도 있어요. 점령국들은 식민지의 농지를 개량해 자기네 나라에 필요한 것들을 대규모로 재배하도록 했어요. 이를 단일 경작˙이라고 하는데 예를 들어 차드에서는 프랑스의 직물 공장에서 쓸 면화, 가나에서는 영국의 초콜릿 공장에서 쓸 카카오, 부룬디와 르완다에서는 차, 세네갈에서는 땅콩을 주로 경작하는 거예요. 유럽은 아프리카에서 이런 작물을 헐값에 가져갔어요. 정작 식량이 될 만한 것은 점령국이나 다른 나라에서 비싼 값에 사 먹게 했답니다.

지금도 아프리카는 재배 기술이나 설비, 농기구 등을 제대로 갖추지 못한 상태입니다. 이런 까닭으로 아프리카 국가들은 다른 나라에 비해 자원이 풍부함에도 불구하고 굶주림에서 벗어나지 못하는 구조가 되어 버렸습니다.˙˙

▲ 급식을 받고 있는 아프리카 소말리아 아이들.

▶ 〈뉴욕타임스〉에 실린 모스크바 3국 외상 회의 기사. 사진 속의 3국 외상은 미국의 루스벨트, 영국의 처칠, 소련의 스탈린이다. 이들은 전후 문제를 논의하기 위해 모였다.

한국은요? 100

한국이 남한과 북한으로 분단된 것도 일본 제국주의와 관련이 있지요. 일본이 물러가고 난 다음, 한국 사회가 무척 혼란스럽다는 이유로 북한에는 소련군이, 남한에는 미군이 주둔했어요. 이후 모스크바 3국 외상 회의에서 소련군과 미군의 신탁 통치가 결정되었답니다. 그때 남한과 북한을 가른 것이 38선이죠. 그 이후로 지금까지 남북한은 자유롭게 왕래를 못 하고 있습니다.

용서하지 못하는 까닭

제국주의 국가들은 자기들이 한 짓에 대해 전혀 미안함을 느끼지 않나요?[101]

전혀 못 느끼진 않겠죠. 하지만 국가 차원에서 사과한 나라는 한 곳도 없는 걸로 알고 있습니다.

왜 사과를 안 하는 거죠?[102]

잘못을 인정하기가 겁이 나고 두려워서겠죠. 그냥 넘어가기를 바라는 거예요. 세월이 지나면 잊히겠지 하고요. 하지만 피해자 입장에서는 가해자가 용서를 빌지 않는데 용서할 수가 없잖아요. 세월이 흐르면 흐를수록 앙금이 더 굳어질 뿐입니다.

맞아요. 친구와의 관계를 생각해 보아도 그래요. 잘못한 것은 빨리 사과하는 게 좋아요.[103]

누구든 잘못은 할 수 있어요. 그러나 잘못했다는 것을 알고도 사과하지 않으면 그건 정말 나쁘죠. 솔직하게 사과를 하고 용서를 구하고 그

◀ 2012년 2월 13일 일본의 목사이자 사회 운동가 노무라 모토유키 씨가 주한 일본 대사관 앞에 세워진 평화비(위안부 소녀상)에게 플루트를 연주하고 있다. 연주곡은 〈봉선화〉로서 일본 제국주의 만행을 사죄하고, 위안부로 강제 동원된 여성을 추모하고 위로하는 뜻을 담고 있다.

에 합당한 대가를 치르면 관계는 회복될 수 있답니다. 언제까지나 죄인으로 남을 수는 없잖아요. 다음 세대까지도, 그다음 세대까지도 죄인이 되어야 하는데요.

서구 국가들은 자신이 그렇게까지 큰 잘못을 했다고 생각하지 않는 것 아닐까요? 그러니 지금껏 사과를 하지 않고 있겠죠. [104]

이렇게 생각할 수도 있어요. '본디 인류 역사에는 늘 점령과 착취가 있어 왔다. 제국주의 시대도 그중 하나이다. 또한 당시에는 누구나 다 그렇게 했다. 아프리카와 아시아 사람들이 힘이 없으니까 당한 거다. 그리고 우리가 들어가서 길도 뚫어 주고 나리도 놓아 주고, 좋은 일도 했다. 그 덕분에 지금 이렇게 발전한 거다.'

그렇게 말하는 사람도 있나요? [105]

꽤 많을 거예요. 하지만 그런 사람들도 자기 생각을 공개적으로 말하지는 않지요. 말이 안 된다는 것을 알기 때문이에요. 앞사람이 강도질을 해서 자기도 그렇게 했다면 죄가 아닌가요? 힘이 없다고 해서 그 사람을 때려눕혀도 된다면, 노인과 아이들은 젊은 사람들의 노예가 되어야 해요. 동물도 그렇게는 하지 않아요. 게다가 좋은 일도 많이 했다는 것은 가해자들이 할 말이 아니에요. 그런 말을 한다는 것은 미안함을 느끼지도 않고 사과할 마음도 없다는 뜻입니다.

사과를 하면 용서를 해야겠지요? [106]

그럼요. 용서하기 힘들어도 용서를 해야 해요. 정 용서하기 힘들면 이렇게 생각해 봐요. '우리도 철이 없을 때, 뭐가 뭔지 모를 때 많은 잘못을 하지. 동생이 귀찮게 굴면 한 대 쥐어박기도 하고. 만약 우리가 그 당시 서양인으로 태어났다면 어쩌면 분위기에 휩쓸려 식민지나 노예에 대해 크게 신경을 안 썼을지도 몰라.'

정말 그랬을까요?[107]

지금 그걸 따져 보는 것은 부질없어요. 다만 용서할 수 없는 일을 너그럽게 용서하기 위해 억지로라도 한번 상상해 보는 거죠. 용서를 하더라도 그것을 없던 일로 만들어서는 안 됩니다. 오히려 또렷이 기억해야 해요. 그래야 똑같은 일이 되풀이되지 않아요. 어쨌든 사과와 용서가 오가지 않는 것은 국제 사회의 화합에 큰 걸림돌입니다.

히틀러의 유대 인 학살

히틀러도 유대 인을 학살했지요? 언제 일인가요? [108]

유대 인 학살은 제2차 세계 대전이 벌어진 다음의 일이지만 그전부터 히틀러의 나치 정권은 유대 인을 협박하고 쫓아냈습니다. 그중에는 피카소와 아인슈타인도 있었죠.

피카소와 아인슈타인까지……. 왜 그렇게 유대 인을 미워했나요? 피부색이 다른 것도 아니잖아요. [109]

히틀러는 정권을 잡자마자 유대 인을 몰아세웠어요. 나라 없이 유럽 각지에 흩어져 살던 유대 인을 열등한 인종, 지구에서 사라져야 할 병균이라고 헐뜯으면서 상대적으로 독일 아리안 족의 우수성과

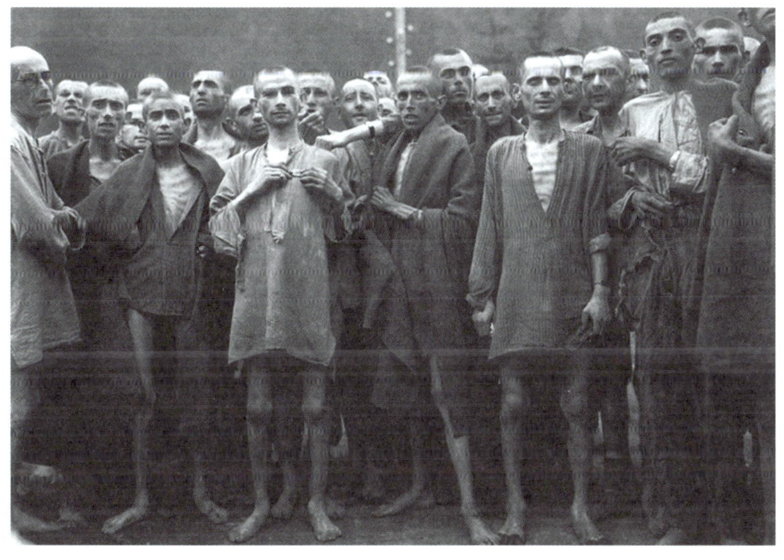

◀ 굶주린 수용소 사람들. 나치는 유럽을 점령하면서 곳곳에 강제 수용소를 지었다. 수감된 사람들은 유대 인을 비롯해 포로외 사상범 등이었는데, 기아와 학살, 때로는 실험용으로 희생되었다. 사진은 1945년 5월경 오스트리아의 한 수용소.

위대함을 부르짖었습니다. 당시 독일은 제1차 세계 대전 전범국으로서 막대한 피해 보상금을 유럽 각국에 지불해야 했어요. 이 밖에 여러 불안 요소가 들끓었습니다. 히틀러는 이 모든 것을 유대 인 탓으로 돌리면서 흐트러진 독일인들의 마음을 붙잡았습니다. 이는 간토 대지진 때 일본이 조선인을 희생양으로 삼은 것과 마찬가지 경우입니다. 관동 대학살이나 유대 인 학살을 보면 피부색만이 학살의 이유가 아니라는 걸 알 수 있어요. 피부색은 그저 핑계일 따름이죠.

유대 인들에게 구체적으로 어떤 일을 저질렀나요?[110]

히틀러는 독일 내에 있는 유대 인들의 시민권을 박탈했어요. 그다음에는 일을 못 하게 했고 급기야 추방하기에 이르렀습니다. 하지만 이건 시작에 불과했어요. 독일뿐 아니라 점령지에 있는 모든 유대 인들을 잡아들여 어느 한 곳(게토)으로 격리했어요.

전쟁이 확대되면서 독일의 나치 정권은 유대 인을 격리 수용하는 데 한계가 있음을 깨닫고 기아와 학살(홀로코스트)로 유대 인을 없애기로 결정합니다. 약 600만 명이 희생된 걸로 보입니다만 정확한 숫자는 아직도 논란거리입니다. 〈안네의 일기〉를 쓴 안네 프랑크도 어느 집 다락방에 몰래 숨어 있다가 게슈타포(비밀 경찰)에게 붙잡혀 강제 수용소에서 죽었습니다.

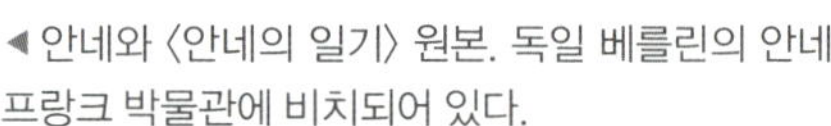

◀ 안네와 〈안네의 일기〉 원본. 독일 베를린의 안네 프랑크 박물관에 비치되어 있다.

끝나지 않은 비극

세계 대전 이후에 인종과 관련된 학살이 또 있었나요?[111]

불행하게도 인종과 연관된 학살 사건이 여러 건 있었답니다. 그중 하나는 1994년 아프리카 르완다에서 벌어진 후투 족과 투치 족 간의 내전으로 인한 것입니다. 두 부족은 식민지 시대부터 갈등이 있었는데 급기야는 갈등이 불거져 서로 학살에 나서게 됩니다. 석 달 동안 무려 50만 명 이상의 투치 족이 학살된 일은 세계 사람들을 놀라게 했습니다. 후투 족노 보복을 당해 수십만 명이 죽었습니다. 이로 인해 생겨난 난민도 200만 명이 넘었습니다.

난민만 200만 명이라니…… 설마 그런 일이 또 있지는 않았겠죠?[112]

비슷한 시기에 보스니아 헤르체고비나에서 서로 다른 3개 인종(민족) 사이에 내전이 발생했습니다. 서로 땅을 뺏고 빼앗기면서 다른 인종 사람들을 무참하게 하살했는데, '인종 청소'라는 말이 나올 정도로 참혹했습니다.

인종 청소라니 소름이 오싹 끼칩니다.[113]

인종에는 군인 따로 민간인 따로 있는 게 아닙니다. 따라서 어떤 인종, 어떤 민족을 향해 방아쇠가 당겨지면 무차별 살인이 됩니다. 단지 피부색이 다르다는 이유, 종교가 다르다는 이유, 언어와 사는 지역이 디르다는 이유민으로 무방비 상대의 아이·노인·여성까지 모조리 희생되는 것입니다. 안타까운 것은 이와 유사한 일이 지구 어느 곳에서든 늘 일어난다는 거예요. 아프리카에서, 중동에서, 남아메리 카에서…….

도대체 왜 이런 일들이 되풀이되는지 모르겠어요.[114]

정신 분석학자 프로이트는 '오직 인간만이 자기 동족을 유희로 살해하는 동물'이라고 했어요. 동물은 자기가 위협을 받을 때만 상대편을 공격하지만 인간은 평화로운 때에도 전쟁을 위해 무기도 만들고(핵무기까지) 전술도 세우고 군사 훈련도 합니다. 우리가 살펴본 것처럼 몇십만 명, 몇백만 명의 사람을 남녀노소 가리지 않고 모두 살해합니다. 한 번에 많은 수를 죽이기 위해 한곳에 몰아넣고 불을 지르고 가스를 흘려보내요.

놀라운 사실은 그렇게 명령하고 그것을 실행한 사람들 또한 우리와 같은 평범한 사람들이라는 겁니다. 그들의 후손도 희생자들의 후손

▼ 르완다 내전에서 학살당한 사람들(르완다 학살 전시관).

과 함께 우리 곁에 있어요. 이런 현실에서 우리가 생각할 것은 한 가지입니다. 우리 안에, 우리 마음속에 도사리고 있을지 모르는 외국인(외지인)에 대한 거부감, 분노와 증오심을 경계하고 뿌리 뽑아야 한다는 거예요.

어떻게 하면 분노와 증오심 같은 마음을 뿌리 뽑을 수 있죠?[115]

그것을 뿌리 뽑으려면 다른 쪽에서 작업을 해야 합니다. 다른 나무를 심어야 해요.

어떤 나무인가요?[116]

인간성 회복이라는 나무예요. 여기에는 인간에 대한 동정, 보편적인 윤리, 유대감, 나그네 환대, 지구인 혹은 세계 시민으로서의 정체성, 이 모든 것을 포함하는 인류애 등이 담겨 있지요.

차별 없는 세상을 부르짖은 사람들

앞에서 간디에 대해 언급했는데, 그가 어떤 일을 했지요? [117]

간디는 인도가 영국에 점령당했을 때 독립을 위해 싸운 민족주의 지도자입니다. 그는 영국의 통치에 맞서서 시민 불복종 운동을 벌였고 이를 비폭력 시위로 이끌었습니다. 총부리를 겨누고 있는 영국군 앞으로 흰옷을 입은 인도 군중들이 침묵을 지키며 용감하게 걸어갔어요. 시민 불복종 운동은 불합리하고 차별적인 정부의 통치는 따르지 않겠다는 정신으로, 전 세계의 시민 정신을 일깨운 계기가 되었습니다. 미국의 인종 차별 정책을 반대한 마틴 루서 킹도 간디에게서 큰 영향을 받았습니다.

마틴 루서 킹은 어떤 영향을 받았나요? [118]

1963년 8월, 킹은 "나에게는 꿈이 있습니다."로 시작하는 멋진 연설

▼ 마틴 루서 킹. 인권을 옹호하고 인종 차별 반대 운동을 비폭력으로 이끌어 1964년 노벨 평화상을 받았다. 그 과정에서 백인 인종주의자들에게 돌을 맞기도 하고 집에 폭탄이 터지는 등 수차례 위협을 받다가 결국 1968년 4월 한 백인의 총에 맞아 39세의 나이로 눈을 감았다. 킹의 죽음을 계기로 미국 의회는 주택의 매매와 임대에서 인종 차별을 금지하는 법안을 통과시켰다.

▼▶ 1966년 미국에서 처음 투표를 하게 된 흑인들의 모습을 그린 그림.

을 했어요. 미국에서 노예는 해방되었지만 피부색에 따른 차별은 여전히 존재했기 때문이지요. 또한 킹은 백인에 대한 흑인의 열등감을 타파하고자 노력했습니다. "흑인은 아름답다(Black is beautiful)."고 외치며 흑인 스스로 자신의 정체성을 새로이 구축할 것을 부르짖었어요. 하지만 꿈을 이루기 전에 그도 암살되었어요.

아프리카에도 그와 같은 일을 한 사람이 있지요?[119]
그래요, 넬슨 만델라입니다. 그는 남아프리카공화국 사람이에요.

남아프리카공화국은 아프리카 대륙의 남쪽 끝에 있는데 기후가 좋아 제국주의 시대에 많은 유럽 인들이 이주해 살았습니다. 식민지에서 풀려난 이후, 남아프리카공화국은 소수의 백인들과 다수의 아프리카 인들로 구성된 나라가 되었어요. 식민지 시대 때부터 정치와 경제를 장악한 소수 백인들은 이후에 강력한 인종 격리 정책(아파르트헤이트)을 폈습니다. 엄연한 차별 정책이었죠.

이를 깨부수는 데 앞장선 사람이 넬슨 만델라입니다. 만델라의 오랜 투쟁으로 1991년 이 정책은 폐지되었습니다. 대통령이 된 이후에도 만델라는 피부색에 따른 인종 차별을 없애고사 노력했어요. 만델라의 꿈은 여전히 진행 중입니다.

▲ 넬슨 만델라. 남아프리카공화국 최초의 흑인 대통령이다. 흑인 인권 운동을 주도해 약 27년간 감옥에 갇혀 있다가 풀려나 대통령이 되었다. 인종 차별 정책 폐지와 나수설 제도 도입을 위해 애쓴 공로로 1993년 노벨 평화상을 받았다.

인종이라는 허상, 단일민족이라는 환상

인종
종족
유색 인종 차별
민족
국민
시민
단일 민족

피부색과 인종

아직도 인종에 대해 의문이 남아요. 인종 때문에 그런 끔찍한 일들이 벌어졌다면 인종이란 도대체 뭘까 하고요.[120]

인종이란 말 그대로 '인간의 종'이라는 뜻입니다. 인간에게도 종자 혹은 종류가 있다는 것을 내포하고 있지요. 콩에 강낭콩, 완두콩, 녹두가 있는 것처럼 말입니다. 사람도 그렇게 나눌 수 있을까요?

인종 하면 백인종, 흑인종, 그리고 우리와 같은 황인종이 떠올라요.[121]

서구나 미국 백인의 편견을 우리가 그대로 받아들여서 그런 거예요.

정말요? 어떻게 그렇게 되었죠?[122]

해방 후 미군이 남한에 주둔할 때 영화와 노래, 문학 등의 미국 문화가 널리 퍼졌어요. 당시 미군의 모습과 미국 대중문화에는 알게 모르게 흑인과 아메리카 원주민을 열등하게 보는 시각이 깔려 있었어요. 미국 문화가 한국에 배어들면서 미국인들의 인종 편견에 우리도 영향을 받은 것입니다. 문화가 유입될 때는 문화 속에 배어 있는 가치관과 편견도 함께 들어옵니다.

그러면 어떤 할아버지가 흑인에게 무시하는 말을 한 것도 미국 백인의 편견을 우리가 그대로 받아들인 경우인가요?[123]

네, 그렇죠. 인종은 없지만 인종 편견은 인종이 벗어 놓은 외투처럼 남아 있는 셈이죠.

인종은 정말 없나요? 그렇다면 바이킹, 게르만 족은 무엇이지요? [124]

진돗개를 생각해 봅시다. 개라는 종 안에서 진돗개는 자신만의 독특한 유전자와 진도라는 특정 서식지를 갖고 있습니다. 그런데 사람은 DNA 구조가 모두 같아요. 서식지는 아프리카로 밝혀졌고요. 우리는 모두 15만 년 전 아프리카의 한 여성*에서 갈라져 나왔습니다. 따라서 사람은 엄밀한 의미에서, 다른 동식물에게 하듯 생물학적으로는 종을 나눌 수 없는 동물입니다. 이는 앞서 질문 81에서 이미 이야기했습니다.

바이킹이나 게르만 족은 인종보다는 종족의 개념에 가깝습니다. 종족은 같은 땅덩이 중에서도 어느 특징 지역에 함께 살았던 사람들로서 자기들만의 문화를 갖고 있습니다. 아프리카와 아메리카, 오스트레일리아는 서구인들이 들어오기 전까지는 부족과 종족**의 땅이었어요. 지금도 아프리카와 남아메리카에는 수백 수천의 부족 혹은 종족이 자신들 고유의 언어와 문화, 역사, 가치관을 공유하며 살고 있습니다. 중국과 아시아의 소수 민족들도 그렇겠지요. 바이킹이나 게르만 족도 이와 같이 보면 되지 않을까요?

요즘은 인종을 유전자가 아닌 문화적 특징에서 떠올리고 있어요. 문화가 다르면 다른 인종으로 부르면서 유전적으로도 나와 뭔가 다르지 않을까 기대(혹은 추측)를 하는 거죠.

인간 유전자를 연구하는 브라이언 사이키스가 이 같은 사실을 밝혀냈다. 그는 인류의 어머니가 되는 이 여성에게 '이브'라는 이름을 붙였다.

종족이 혈연적인 의미를 담고 있다면 부족은 이에 비해 사회적인 공동체의 미를 갖고 있다.

▼ 다문화 잔치에서 자기 나라의 전통 의상을 입은 외국인 노동자들(서울, 2008년 12월).

호모 사피엔스 사피엔스

아무리 그래도 사람의 피부색은 여전히 두드러지는 특징이에요. 그것이 인종과 상관없다고 해도 누구나 알아볼 수 있잖아요. [125]

만약 팔레트에 지구 사람들의 얼굴색 물감을 모두 짜 놓는다면 어디에서 어디까지 백인의 얼굴이고 어디에서 어디까지 흑인의 얼굴인지를 모두가 납득하게끔 말할 수 있을까요? 억지로 구분해 놓는다고 해도 백인 얼굴의 사람들이 모두 서구에 살고, 흑인 얼굴의 사람들이 모두 아프리카에 살지는 않아요.

흑인과 백인 사이에 중간색 피부들도 엄청나게 많습니다. 서구인들 중에도 개인에 따라(지역에 상관없이) 피부색이 어둡기도 하고 지나치게 밝기도 합니다. 아프리카 인들 중에서도 서아프리카 사람들은 피부색이 밝아요. 인도인들 중에는 아프리카 인들만큼 피부색이 어두운 사람도 있답니다. 그런데 피부색과 관련해 우리가 한 번도 생각해 보지 않은 것이 있어요. 백인도 없고 흑인도 없고 모두 황인이라는 거예요.

우리 모두 황인이라고요? [126]

그럼요. 생각해 봐요. 백인은 정말 얼굴이 눈처럼 흰빛인가요? 흑인은 숯처럼 까만 얼굴인가요? 동물은 털빛이 흰 것도 있고 까만 것도 있어요. 하지만 사람은 눈처럼 하얀 사람도 없고 숯처럼 까만 사람도 없어요. 그렇다면 누구를 백인이라고 하고 누구를 흑인이라고 할 수 있을까요? 외나무다리에서 두 사람이 만나 서로 얼굴빛을 비교

했을 때나 비로소 누가 백인이고 누가 흑인인지를 알 수 있지 않을까요? 굳이 피부색을 가지고 사람을 구분 짓고자 한다면 지구인들은 죄다 황색인이에요. '옅은황색인'과 '짙은황색인'이 있을 뿐이죠.

생각해 보니 백인이란 말이나 흑인이란 말은 정확하지 않네요. 그러니 피부색으로는 사람들을 정확히 구분할 수도 없겠어요.[127]
결론적으로 말하자면 피부색으로 구분되는 인간의 종은 없다는 거예요. 더욱이 피부색은 스스로 선택할 수 있는 게 아니에요. 타고나는 거잖아요. 무슨 잘못을 해서 그렇게 타고난 것도 아니잖아요. 피부색은 긱 개인이 저마다 지닌 신체 득징 중 하나일 뿐입니다. 머리카락이나 눈동자 빛깔처럼 말이죠.

한국 사람들 중에도 유난히 까무잡잡한 사람이 있어요. 머리가 꼬불꼬불한 사람도 있고, 매부리코도 있고, 입술이 두툼한 사람도 있고…….[128]
그들 모두 한국 사람이죠. 이웃 아시아뿐 아니라 유라시아의 피두 살짝살짝 섞여 있는 한국 사람입니다. 우리는 인종이란 개념이 백인 우월주의와 유색 인종(혹은 외지인) 차별에 이용되어 왔다는 것을 알아차려야 합니다. 부족이나 종족이란 개념도 그런 도구로 쓰이지 않도록 조심해야 해요. 사람들이

살아왔던 지리적 환경 때문에 서로 다른 부족이나 종족이 된 것이니까요. 또한 인구 이동은 계속될 테고 피와 문화 역시 계속 섞이게 될 터이므로 인종이나 종족, 피부색을 자꾸 입에 올리는 것은 부질없고 무의미한 일입니다.

그럼에도 불구하고 지금까지 인종에 대해 길게 살펴본 것은 인종이라는 이 수상쩍은 관념을 빌미로 끔찍한 일들이 벌어졌다는 것을 잊어서는 안 되기 때문이에요. 참고로 말하면 진화론상으로 사람은 오직 하나의 종, 호모 사피엔스 사피엔스입니다.

호모 사피엔스 사피엔스요?[129]

그래요. 종이 다르면 2세를 만들 수 없습니다. 개와 고양이가 각각 엄마, 아빠가 되어 2세를 낳을 수 없듯이요. 하지만 인간은 짙은황색인과 옅은황색인이 엄마와 아빠가 되어 자식을 낳을 수 있습니다. 인간이 오직 한 종이란 것을 과학적으로 증명하는 근거입니다.

인종으로부터의 해방

인종이 아니라면 인간을 어떻게 분류할 수 있나요? [130]

이런 식이겠지요. 기혼자와 미혼자, 채식주의자와 잡식주의자, 지금 현재 아프리카에 거주하는 사람과 그렇지 않은 사람, 불교를 믿는 사람과 기독교를 믿는 사람……. 기준은 정말 개개인의 수많은 고유 특징들만큼이나 많을 것입니다. 학계나 기업에서 사람들의 취향을 파악하기 위해 이런 조사를 벌이기도 합니다. 이런 경우 말고는 사람들을 '나눈다', '구분 짓는다'는 것은 좀 민감한 문제입니다.

구분 지음으로써 차별이나 반감을 불러일으킬 수 있다는 말이지요? [131]

이를테면 어느 정치가나 선동가가 '○○교도들은 거칠고 막무가내다. 더 이상 ○○교도들의 이민을 받지 말자.'고 말하면 뚜렷한 근거가 없는데도 왠지 사회가 불안정한 원인이 ○○교도들 때문인 것처럼 느껴집니다. 또 누가 '외국인 노동자들을 추방하자. 외국인 노동자 때문에 청년 실업이 늘고 있다.'고 하면 청년 실업자들이나 일반 실업자들은 쉽게 마음이 흔들릴 것입니다.

○○교도나 외국인 노동자들이 어떤 한 인종만으로 구성되어 있지도 않잖아요. [132]

그렇죠. 하지만 이런 외침을 들으면 마치 어떤 특정한 집단—인종과 같은—을 꼬집어 말하는 것처럼 들린다는 게 문제입

▼ 다문화 사회의 여러 목소리. "이슬람 공포증에 맞서 단결하자"고 외치고 있다(프랑스에서).

니다. 지금 한국에 와 있는 외국인 노동자들을 떠올려 봐요. 대부분 아시아 사람들로서 그들만의 외모상 특징을 갖고 있습니다. ○○교도들도 마찬가지입니다. 그들의 외모와 독특한 종교, 문화를 보고 그들을 별스러운 인종으로 착각하는 것입니다.

특히 이슬람교도에 대한 편견은 미국에서 물려받은 것이라고 볼 수 있어요. 이슬람교도와 한국이 직접적으로 부딪친 적은 없으니까요. 인종주의는 합리적 사고를 방해하는 덫이에요. 인종이란 낱말 때문에 인류는 너무나 많은 것을 놓치고 있습니다.

아예 인종이란 말을 쓰지 않는 게 낫겠네요.[133]

일부에서는 그렇게 말하는 사람도 있어요. 하지만 이미 광범위하게 쓰이고 있는 낱말을 없애는 것은 자연스럽지 못합니다. 없애더라도 완전히 알고 나서 없애야 합니다. '인종을 완전히 알고 그것을 초월하자! 이제는 인종을 넘어서서 문화에 관심을 두자!'고 말하고 싶습니다.

인종보다는 문화? 좋아요! 대찬성이에요.[134]

인종 이야기에서 완전히 떠나기 전에 관련된 낱말들을 살펴볼 필요가 있습니다. 민족이란 낱말부터 시작할까요?

민족, 국민, 시민

민족이라고요?[135]

인종과 마찬가지로 민족도 혈연과 문화로 함께 묶인 사람들의 집단을 말합니다. 둘 다 형태가 없는 낱말이지만 외모상 특징이 우선시될 때는 '인종'이란 말이 쓰이고, 지역적·혈연적인 공통분모가 우선시될 때는 '민족'이란 말이 더 자주 쓰입니다. 그러나 별 구분 없이 뒤섞여 쓰일 때도 많아요.

사실, 역사에서 보면 '옅은황색인'들이 '좀더짙은황색인'들을 지칭할 때가 아니라면 인종이란 낱말은 거의 쓰이지 않았어요. 유대 인도 유대 인종이 아닌 유대 민족으로 오랫동안 쓰였습니다. 관동 대학살이나 난징 대학살도 인종 차별보다는 다른 민족에 대한 거부감으로 보는 게 합당합니다. 민족이든 인종이든 '나와 다른 부류'에 대한 증오감에서 학살이 자행되었다는 것은 분명하지요. 단일 민족이란 말 들어 보았나요?

네, 들어 보았어요. 한국은 단일 민족이라고 하던데요.[136]

단일 민속은 피가 섞이지 않고 오직 하나의 종족으로 형성된 민족이라는 뜻입니다. 그런데 한국이 단일 민족이 아니라는 것은 이미 우리가 앞서 한 얘기에서 알 수 있지요. 삼국 시대에는 아라비아 상인과 일본인들의 거류 지역이 있었고 발해의 유민 중 말갈족은 발해 멸망 후 고려에 편입되었어요. 몽골이 공주들은 왕후로 고려에 들어와 자손을 퍼뜨렸으며 어느 시대든 귀화한 외국인들이 있었고 일제

▲ 힘차게 한국 축구팀을 응원하는 한국인들(2010년 6월 월드컵 경기 중).

강점기와 한국 전쟁 전후로 많은 혼혈아들이 태어났습니다. 이들 모두 한국 민족이고 한국 국민입니다.

잠깐, 한국 국민이라고 하셨는데 한국 국민은 다 같은 민족입니까?[137]
한국 국민은 한국 국적을 취득한 모든 사람들입니다. 우리와 언어도 다르고 문화도 다른 사람들, 즉 미국 사람, 일본 사람, 중국 사람, 필리핀 사람, 남아메리카 사람들도 한국 국민이 될 수 있어요.
민족은 (처음에는 같은 종족에서 출발했으리라 봅니다만) 아주 오랜 세월, 수십 수백 세대를 함께 지내 오면서 공통된 정서와 공통된 문화를 유지하고 있는 사람들 집단입니다. 보통은 언어가 같고 전통과 풍습과 신체적인 외양이 같을 때 같은 민족으로 봅니다. 이렇게 보면 한국 국민이라고 해서 다 같은 민족은 아닙니다. 마찬가지로 한국 민족이 다 같은 국민은 아닙니다.

국민은 어느 나라 국적을 갖고 있느냐를 따질 때 쓰는 말이라고 기억해 두어요. 국민은 서류상의 문제입니다. 어느 나라 국적을 취득하든 한국 민족으로서의 정체성을 갖고 있다면 스스로 한국 민족이라고 말할 수 있습니다. 이와 함께 살펴볼 낱말이 또 있어요. 시민이란 것입니다.

시민이라고요? [139]

앞서 국적 취득을 얘기할 때 시민권도 국적과 같은 효력이 있다고 했지요? 시민은 시에 사는 사람이지만, 시민권의 시민은 지역 주민을 말합니다. 시민권이란 그 지역의 당당한 주민으로서 가질 수 있는 권리인데 가장 대표적인 것이 정치에 참여할 수 있는 선거권입니다.

시민은 근래에, 인권이 성장하면서부터 생긴 개념이에요. 시민이 주측이 되는 시민 사회는 인종, 국적, 민족을 초월한 평등하고 자유로운 사회의 느낌을 갖고 있습니다. 모두 다 참여하고 모두 다 주인인 사회의 정신을 내포하고 있지요.

다문화 사회에는 국민이나 민족보다는 시민이라는 말이 더 어울립니다. 그래서 외국에서는 '국적이 어디냐?'라는 말보다 '어느 나라 시민권을 갖고 있느냐?'라는 질문을 더 자주 합니다. 세계 시민도 종종 쓰이는 말인데 국적을 초월해 세계의 주민으로서의 입장을 대변하지요. 단일 민족 얘기를 하다 말았죠?

단일 민족이라는 환상

한국은 왜 지금껏 단일 민족임을 강조할까요? [140]

정치인들이 사람들에게 단일 민족임을 끊임없이 말해 온 데에는 까닭이 있어요. 한국은 반도여서 머리 위로는 중국 대륙의 여러 나라로부터, 발아래로는 일본으로부터 늘 침략을 당해 왔는데 이를 막아내기 위해 사람들을 하나로 묶을 수 있는 강력한 끈이 필요했지요.

그 끈이 단일 민족이라는 개념인가요? [141]

그래요. 한반도는 반도라는 지형적 특성 때문에 다른 나라에 비해 사람들이 그리 많이 뒤섞이지 않았습니다. 섞인 사람들도 대부분 피부색이나 외모가 비슷한 동양 사람들이었습니다. 그래서 단일 민족이라는 주장이 통할 수 있었지요.

일본과 중국은 어떤가요? 그들도 단일 민족인가요? [142]

일본도 자기네 국민들에게 단일 민족임을 강조해 왔습니다만 일본의 토착민은 따로 있어요. 아이누 족˙입니다. 따라서 단일 민족일 수가 없지요.

중국은 55개의 소수 민족을 거느리고 있는 다민족 국가이므로 단일 민족을 주장하지는 않지만 중국이 세계 문명의 중심이라는 뜻의 '중화사상'을 국민들에게 퍼뜨렸습니다. 그 사상 속에는 자신들이 가장 뛰어난 민족이며 세상의 주인이라는 생각이 들어 있습니다. 이 때문인지는 몰라도 중국인들 중에는 다른 나라로 이민 가는 것을 영토

오늘날의 일본 홋카이도, 혼슈의 도호쿠 지방에 정착해 살던 사람들. 이들 중 대부분은 일본인과 결혼해 다른 지방으로 흩어졌지만 일부는 홋카이도의 아이누 공동체에서 자신들의 전통과 문화를 지키며 살고 있다.

확장으로 여기는 사람들도 있어요. 지나치게 개방적인 생각이라고 할 수 있지만 어쨌든 지금 중국인들은 본토뿐 아니라 지구 곳곳에 넓게 퍼져 있습니다. 어느 민족이든 단일 민족이라고 주장하는 것은 사실도 아닐 뿐더러 억지스럽기 짝이 없습니다. 자칫 오해를 불러일으킬 수도 있어요.

어떤 오해를요?[143]

나와 다른 민족, 다른 문화권 사람들을 배척하는 인상을 줄 수 있지요. 배척은 따돌리거나 거부하고 쫓아낸다는 뜻입니다. 다른 민족, 다른 문화권 사람을 배척한나는 것은 인종주의와 크게 다를 게 없어요.

또한 다른 문화권 사람들을 국민으로 받아들이는 데도 걸림돌이 될 수 있답니다. '우리는 단일 민족인데 왜 다르게 생긴 사람이 우리 국민이 되지? 같은 민족도 아닌데.' 하면서요. 국민과 민족은 의미가 다르지만 일반적으로 사람들이 한가지로 생각하거든요. 요즘처럼 다문화 가정이 많아지는 때에 단일 민족은 정말 유효 기간이 지난 개념입니다. 이제는 단일 민족이라는 깃발을 조용히 내려놓아야 합니다.

그럼 어떤 깃발을 새로 들어야 하나요?[144]

다문화 깃발을 들어야죠.

5

다름의 이해와 가치 인식

모두 다 다른 사람

다른 문화란 좋은 건가요, 나쁜 건가요?[145]

다른 문화는 좋지도 나쁘지도 않아요. 그저 나의 문화와 같지 않을 뿐이죠. 사람들은 다른 문화, 다른 생각 등을 좀 민감하게 받아들이는데 사실, 다르다는 것에는 간과해서는 안 될 가치가 있어요.

다름이 주는 가치라니, 어떤 거죠?[146]

인간은(모든 생명체들이 다 그렇지만) 서로 다르기 때문에 각자 존재할 수 있어요. 오히려 다르다는 것을 칭송해야 해요. 우리가 서로 다르지 않다면 우리는 우리 자신이 될 수 없어요. 남자가 없으면 여자도 없는 것처럼, 오른쪽이 없으면 왼쪽도 없는 것처럼, 우리는 우리와는

▲ 생김새와 차림이 다른 각양각색의 사람들.

다른 '남들' 때문에 우리 자신이 누구인지를 알 수 있습니다. '남'은
나를 비추는 거울과 같아요.

조금 어려운데요.[147]

모두가 연필이라면 우리는 우리가 연필임을 알지 못합니다. 볼펜이
있기 때문에 볼펜과는 다른 것, 즉 연필이 연필로 불릴 수 있지요.
모든 것이 절대적이 아니라 상대적이라는 뜻이에요. 우리가 누구인
지 알기 위해서라도 우리에게는 우리와 다른 '남'이 필요합니다.

그럼 모두 다 달라야 하겠네요.[148]

예, 우린 모두 다 달라요. 생명을 가진 생명체들은 저마다 다 다릅니
다. 복제를 한다고 해도 서로 다른 개체로 성장합니다. 완전히 똑같
은 개체가 될 수는 없어요.

정말요? 무엇이 우리를 저마다 다른 개체로 만드나요?[149]

크게 두 가지 요인이 있는데 하나는 유전자입니다. 하나의 생명이
탄생하려면 유전자 배합이 일어나야 하지요. 배합이란 머리를 땋을
때처럼 서로 다른 끈을 엇갈리게 꼬아 새로운 끈을 만드는 것으로

▼ DNA 구조

설명할 수 있어요. 모든 생명체는 양쪽 부모에게서 받은 끈이 꼬여
새로운 유전자를 갖게 됩니다. 여기에 약간의 우연도 한 방울 가미
되어 아이들은 모두 전혀 새로운 유전자를 갖고 태어납니다.
또 하나는 자라 온 환경, 즉 문화입니다. 쌍둥이라 할지라도 자라
온 환경이 다르면 다른 문화, 다른 생활 방식을 갖게 됩니다. 만약
우리가 아마존 강의 밀림에서 태어났다면 아마존 사람들처럼 살아

갈 거예요. 유전자와 문화는 각 개인의 고유성을 만들어 내는 기본
토대입니다.

고유성이라고 하셨나요?[150]

고유성이란 나만이 가지고 있는 어떤 성향, 특질입니다. 지구 인구
가 70억 명에 이르는데 나와 똑같은 사람이 한 명도 없는 게 놀랍지
않나요? 오로지 다르기 때문에 고유성이 존재할 수 있습니다. 그뿐
아니라 개체성, 독립성, 정체성 등도 지니고 있어요. 또한 누구도 나
자신을 대체할 수 없기 때문에 존엄성도 부여받을 수 있지요.

**그런데 왜 불편한 느낌이 들까요? 맨 처음 얘기를 시작할 때도 이 같
은 질문을 던졌습니다만……**.[151]

정복과 패배의 측면에서 인류 역사를 살펴보면 불편함이 느껴지는
까닭을 어느 정도 이해할 수 있어요. 다른 문화가 들어와 있다는 것
은 뭔가 우리를 정복한 민족의 문화가 들어와 있는 것처럼 여겨지거
든요. 정복을 한 나라는 자기 나라의 규율과 문화를 피지배 국가에
강요합니다. 그 한 예가 일본이 조선의 학교에서 일본어를 말하게 하
고 일본 이름을 쓰게 한 것입니다(창씨개명). 그래서 다른 문화가 끼
어 있으면 뭔지 모를 불안감과 거부감이 드는 거예요. 내 것이 침해
당하는 느낌도 들고요.
이 오랜, 태곳적부터의 '느낌'은 전쟁 중이 아닌 때에도 우리의 뇌리
에 자리 잡고 있을 것입니다. 동시에 우리는 나의 것만을 치켜세우고
나의 것만을 인정하고 싶은 태도도 방어 의식처럼 가지고 있습니다.
그래서 '다른 것은 다 나쁘다', '우리와 똑같아야 한다', '우리 것이 유

일 무이한 문화다'라는 착각에 빠지게 됩니다. 그러나 다시 한 번 말하지만 특별히 어떤 것에 대해 나쁜 경험이 있지 않다면 '불편한 느낌'은 허상이에요.

다르다는 것은 동시에 흥미롭기도 해요.[152]

맞아요. 만약 우리가 새로운 사람을 전혀 만나지 못하고 새로운 곳에 전혀 가지 못한다면, 그래서 늘 한곳에서만 살아야 한다면 행복할까 한번 생각해 보아요. 그렇게는 살 수 없답니다. 그런 곳은 감옥이니까요. 우리 생활을 잘 살펴보면 우리가 늘 새로운 것, 다른 것을 찾고 있음을 깨닫게 됩니다. 새로운 사람, 새로운 화제, 새로운 책, 새로운 음식을요. '다르다'는 것이 불편하게 느껴진다면 그것을 '새롭다' 혹은 '다양하다'는 말로 바꾸어 생각하세요.

그렇게 생각하니 유쾌한데요.[153]

그래요. 서로 다른 두 사람이 마주쳤는데 그들이 청춘 남녀라면 바로 연애 감정이 일 거예요. 청춘 남녀가 아닌 동류 또는 협력 업체라면 멋진 아이디어가 번쩍 하고 떠오를 것입니다. 서로 다른 유전자가 배합되어 새로운 형질이 탄생하는 것처럼 말이죠. '진화'의 순간이라고나 할까요'?

사람의 생각에도 진화가 필요한가요?[154]

사람들이 늘 똑같은 것만 읽고 보고 한다면 어떤 발전이 있겠어요? 서로 다른 것을 관심 있게 받아들이는 것은 새로운 생각을 받아들이는 것과 같아요. 혼자서는 생각이 돌고 돌지만 다른 생각을 만났

▲ 문화권과 세대를 뛰어넘는 대화의 즐거움. 동구권 작가들과 대학생들이 잔디밭에 둘러앉아 자유롭게 이야기를 나누고 있다(한국 외국어 대학교 용인 캠퍼스, 2006년 5월).

을 때는 뭔가 돌파구 같은 것이 생길 때가 종종 있지 않나요? 또한 내 생각이 언제나 옳은 것은 아니라는 사실도 알게 되지요.

이건 대단히 중요한 발견이어야 해요! 자기 생각만 옳다면 다른 사람의 생각이 틀렸다는 건데, 그러면 세상에는 어떤 대화나 토론도 필요 없게 될 거예요. 결국 힘이 센 사람의 의견만이 받아들여지겠죠. 이런 이유에서라도 우리는 다른 문화, 다른 사람과 좋은 관계를 맺으며 살아야 하지요.

관계의 시작은 인정

좋은 관계를 맺는 것, 어렵지 않을 것 같은데요? [155]

앞에서 얘기했듯이 강제 이주와 학살 같은 끔찍한 일들의 배후에는 여러 복잡한 정치적, 경제적 요인들이 깔려 있어요. 이를 간파하지 못한 채 그들이 떠벌리는 인종주의에 농락당한 일반인들도 책임은 있지만 어쨌든 한 개인이 막을 수 있는 일들은 아니었어요. 그렇다고 포기해서도 안 되죠. 큰일은 작은 일부터 시작되고 큰 집단은 개인들로 이루어져 있으니까요.

한 개인으로서 어떤 노력을 해야 하지요? [156]

앞에서 동물들이 서로 마주치면 영역 침해라고 생각하고 으르렁거린다는 얘기를 했죠? 그러나 동물도 항상 그렇게 행동하지는 않아요. 만약 그렇다면 강아지들을 산책시키지 못할 거예요. 오히려 강아지들은 인사를 해요. 걸음을 멈춘 다음, 한 번 빙 둘러보고 코를 킁킁대며 상대의 냄새를 맡아요.

사람은 사회적인 동물이에요. 가장 진화한 고등 동물이지요. 훨씬 쉽게 경계심을 풀고 대화를 나눌 수 있어요. 눈빛이나 입가의 미소, 간단히 손을

"인간은 사회적 동물이다."라고 말한 사람은 아리스토텔레스이다.

흔드는 것만으로도 어떤 표시가 될 수 있지요. 이러한 표시는 상대편의 존재를 인정한다는 의미가 있어요. 관계의 시작은 인정입니다.

간단한 표시가 그런 의미를 담고 있는지 미처 생각 못했어요.[157]

인사 같은 간단한 표시는 '나는 당신이 보입니다. 나는 당신에게 아무 경계심이 없고 당신이 여기 있다는 것을 인정합니다.'라는 뜻을 전하는 거죠. 사람이 있는데도 아무 내색을 안 한다면 그건 상대편의 존재를 무시하는 것입니다. 무시를 하면 아무것도 이룰 수가 없어요.

인정을 하면 그다음에는 어떻게 되지요?[158]

인정을 하면 관심이 생기고, 관심이 생기면 상대편에 대해 묻게 되고, 그러면 알게 되고 이해하게 되지요. 왜 그런 옷을 입고 있는지, 왜 그런 음식을 먹는지…….

이해한 다음에는요?[159]

받아들이게 되지요. 받아들이면 영향을 받게 되고요. 영향을 받으면 변화가 일어나지요. 예를 들어 볼까요? 서양 사람들은 집에 들어가서도 신발을 벗지 않고 그대로 신고 있어요. 하지만 한국 사람들은 집에 들어가면 신발을 벗습니다.

처음에 신발을 벗는 한국 사람들을 보고 서양 사람들은 깜짝 놀랐어요. 그래서 물어봤어요. "왜 집에서 신발을 벗나요?" 하고요. 한국 사람들이 대답했죠. "우리는 신발을 벗고 바닥에 앉아 생활해요. 이게 우리의 문화입니다. 그리고 신발을 벗으면 바닥이 더러워지지 않아서 바닥에 앉을 수도 있고 편하게 드러누울 수도 있어 좋아요."

▲ 서울 인사동 거리의 여러 나라 여성들(2004년 6월).

듣고 보니 맞는 말이잖아요? 그래서 그들은 '음, 우리와 다른 문화지만 좋은 생각이군. 다른 것이 꼭 나쁜 건 아니구나.'라고 느끼게 되고 '우리도 한번 신발을 벗어 볼까?' 하고 생각하겠죠. 실제로 요즘 집 안에서 편한 실내화로 갈아 신는 서양인들이 늘고 있어요. 아예 카펫을 걷어 내고 한국 집처럼 바닥에 마루를 까는 집도 있답니다. 관심에서 출발한 문화가 어떻게 변화까지 오게 되는지 알겠죠?

관심에서 변화까지……. 하지만 꼭 변화까지 와야 하나요? 꼭 우리 문화가 변화해야 할 필요가 있나요?[160]

아뇨! 나는 다만 문화가 서로 어울릴 때 어디까지 갈 수 있는지를 얘기한 것뿐이에요. 이웃에 사는 이슬람 여성이 히잡을 썼다고 해서 우리도 히잡을 써야 하는 건 아니니까요. '인정'할 수만 있어도 좋답니다.

인정하기란 쉬운 일 아닌가요? 그냥 바라보기만 하면 되잖아요.[161]

그냥 바라보기만 하는 것은 인정이 아니라 방관에 가까워요. 방관은

개입하지 않는다는 것인데 냉담으로 이어질 수 있어 좋은 태도는 아 닙니다. 방관 자체도 쉬운 일은 아니에요. 옆집의 강아지 주인이 강 아지를 때리고 학대한다면 방관하는 게 몹시 괴롭고 심지어는 가책 도 됩니다. 부부 싸움을 하는데 창문 밖으로 여성의 비명 소리가 들 리면 아무렇지도 않게 모르는 척 지나갈 수 있나요?

서양에서는 동양 사람들이 길에 침을 뱉고 다니는 것을 용인해야 하 는지, 규제해야 하는지에 대해 종종 논쟁을 벌입니다. 이걸 동양의 문화라고 인정한다면 용인해야 하고, 그렇지 않다면 남에게 혐오감 을 줄 수 있으니 규제하는 게 마땅하다는 거죠. 이에 대해 어떻게 생각하나요?

생각해 보니 좀 복잡한 문제군요. 그러나 길에 침을 뱉는 것을 우리의 문화라고는 생각하지 않아요.[162]

이렇게 논란이 있는 경우에는 그 행위가 상식적으로 바람직한지, 바 람직하지 않은지를 따져 봐야 합니다. 만약 후자의 경우라면 아무리 '그들'의 문화라고 해도 인정을 해야 할지 말아야 할지 고민스러울 거예요.

문화와 보편적 윤리 기준

상식적으로 도저히 용인하지 못할 문화도 있어요. 여자를 돌로 쳐서 죽이거나 남자아이에게 강제로 할례를 시키는 것 등이요. 이런 것들도 인정하고 존중해야 하나요? 163

좋은 질문이에요. 옛날 중국에서는 여자들에게 전족을 시켰어요. 이루 말할 수 없이 고통스러운 풍습이었죠. 나라가 멸망하고 나서야 그런 풍습이 없어졌습니다. 아무리 예부터 전해 내려온 풍습이라고 해도 한 개인에게 고통과 수치심을 주는 행위는 다시 생각해 봐야 합니다.

또한 풍습이든 뭐든 어떤 것을 남에게 하게 할 때는 누구나 고개를 끄덕일 만한 보편적 윤리 기준에 대입시키는 게 좋을 듯싶어요. 이를테면 '남에게 폐를 끼치지 마라.'나 '자신이 원하지 않는 것을 남에게 행하지 마라.'와 같은 거죠.

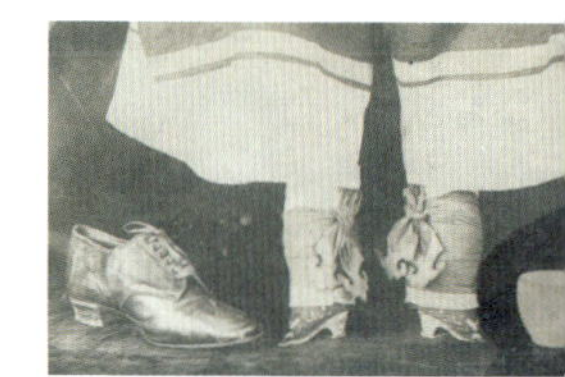

▲ 전족(纏足)은 4~5세 때부터 여자아이의 발을 천으로 동여매어 발이 자라시 못하게 하는 중국의 풍습이다. 전족을 하면 발이 기형적으로 변하고 제 대로 걷지 못한다. 여성의 바깥출입을 규제하기 위해 만든 것으로, 전형적인 여성 학대 풍습의 하나이다.

보편적 기준이란 말은 애매한 것 같아요. 164

그렇긴 해요. 저마다 가치관이 다르니까요. 하지만 보편적 기준이란 말을 버릴 수는 없어요. 내 생각에는 '세계 인권 선언'이 보편적 윤리의 가장 보편적인 기준일 것 같아요.

〈논어〉 '위령공 편'에 나오는 말이다. 평생 지침이 될 만한 말씀이 있느냐고 묻는 자공에게 공자는 "서(恕)일 것이다. 자신이 원하지 않는 것을 남에게도 행하지 마라."라고 대답했나. 한자 서(恕)는 '같을 여(如)'와 '마음 심(心)'이 합쳐진 글자이다.

세계 인권 선언이라고요? 그런 것이 있나요? 165

세계 인권 선언은 1948년 국제 연합 총회에서 채택된 인권에 관한 세계 선언이에요. 제3조를 보면 "모든 사람은 자기 생명을 지킬 권리, 신체의 자유를 누릴 권리, 자신의 안전을 누릴 권리가 있다."라고 나와 있습니다. 따라서 어떤 풍습이 한 개인의 신체 자유와 안전을 위태롭게 한다면 각 개인에게 그것을 따르지 않을 권리가 있어야 해요. 그렇지 않다면 그건 풍습이 아니라 '강요'가 됩니다. 만약 각 개인에게 선택권이 주어진다면 그런 풍습 자체가 크게 문제 될 이유는 없을 것 같아요. 사실 한 개인의 신체 자유와 안전을 위태롭게 하는 풍습들에 대해 짚고 넘어가야 할 것이 있어요.

그것이 무엇이죠?[166]

한 가지는 그와 같은 풍습은 대체로 고립된 환경에서 만들어졌다는 것입니다. 사람들이 자유롭게 왕래를 했다면 보다 보편적인 방향으로 개선 혹은 변화되었을 거예요. 또 한 가지는 이런 풍습이 그것을 거부하기 힘든 사회적 약자에게 강요되었다는 점입니다. 전족과 할례는 어린아이들에게 행해졌고, 고대의 장례 문화인 순장도 죽은 이의 아내나 노예들에게 부과된 일종의 형벌과 같은 것이었어요. 아내가 먼저 죽는다고 남편이 같이 매장되는 것도 아니었고요.

이런 풍습에는 불공평과 불공정의 그림자가 짙게 드리워져 있어요. 인도의 명예 살인(이 용어부터 바꾸어야 한다고 봅니다만)도 풍습이라기보다는 형벌로써 개인에게 선택권이 없습니다. 인도 정부도 이를 금지하고 있지만 정부의 손이 미치지 못하는 곳에서는 여전히 벌어지고 있으니 참으로 불행한 일입니다. 어쨌든 이런 것들은 극단적인 경우입니다. 일반적인 경우는 아니에요. 일반적인 경우라면 다른 문화를 존중하는 게 마땅하지요.

새로운 문화를 만날 수 있는 기회

당연히 존중해야겠지만…… 잘 안 되면 어떡하죠? [167]

그래서 우리에게 책이 필요한 거예요.

책이 필요하다고요? [168]

예. 책을 읽으며 낯선 문화와 외지인을 어떻게 이해해야 하는지, 어떤 태도를 가져야 하는지 배우는 거죠. 책의 내용이 예방 주사가 될 수 있거든요. 책을 통해 다른 문화권의 사람들을 접할 수노 있고 그들의 문화를 살펴볼 수도 있지요. 여기저기 많이 다녀 보는 것도 큰 도움이 됩니다.

여행을 하는 게 좋다는 말이죠? [169]

여행에는 크게 두 가지 장점이 있어요. 하나는 낯선 곳에서 낯선 문화를 경험한 수 있다는 거죠. 그러다 보면 세상은 정말 다른 사람들, 다른 문화들이 서로 뒤섞여 있음을 알게 됩니다. 저절로 열린 마음을 갖지 않을 수 없지요. 어행은 또 우리를 낯선 외지인으로 만들어 주어요. 다른 고장 사람들이 우리를 환대할 때, 또는 무시하거나 반간을 느끼게 할 때 그 기분이 어떤지 알게 되겠죠. 우리에게 당연한 것이 그들에게

▼ 배낭여행을 하는 젊은이들.

다르게 보일지도 모르겠다는 생각도 하게 되고요. 이런 경험을 하고 나면 낯선 문화에 너그러워질 수 있습니다.

그 밖에 필요한 것은요?[170]

다른 문화에 대해 존중하는 태도를 가질 수 있도록 사회가 나서서 사람들을 교육하고 계몽해야 합니다. 교육과 계몽은 학교에서만 해서도 안 돼요. 전 사회적으로 이루어져야 합니다. 그래서 학교나 거리, 일터 등에서 누군가 경솔하게 혐오감이나 증오감을 내보이면 주위에 있던 사람들 모두가 그런 행동을 모른 척하지 않는, 용납하지 않는 분위기가 이루어져 있어야 해요.

이와 함께 정부와 지역 사회에서 일반인들이 다른 문화권 사람들과 격의 없이 어울리고 그들의 문화를 즐길 수 있는 기회를 자주 만들어 주어야 합니다. 뉴질랜드에서는 이런 경우에 '그만두세요. 당신은 지금 뉴질랜드를 부끄럽게 만들고 있어요.'라는 말을 합니다. 그러면 대부분 사태가 진정되지요.

▼ 서로 다른 문화의 어울림(오산의 한 다문화 행사, 2012년 5월).

새로운 문화를 즐길 수 있는 기회라니 어떤 거죠?[171]

예를 들면 지역 사회에서 정기적으로 한 나라씩 지정해 그 나라를 기념하는 주간을 만드는 거예요. 예를 들어 베트남 주간이라면 한국 사람들이 베트남에 대해 잘 이해할 수 있도록 축제 형식으로 베트남을 소개하는 거죠. 베트남의 역사, 풍습, 지형적 조건, 날씨, 전통 음악, 종교, 음식 문화 등 얼마나 소개할 게 많아요?

역사를 알려 주는 것은 중요한 일입니다. 역사를 알아야 현재의 모습을 이해할 수 있으니까요. 어떤 경우든 알면 이해하게 되고 이해하면 편견이나 오해는 없어져요. 마지막으로 필요한 게 하나 더 있어요. 법이에요.

법이 필요하다고요?[172]

그래요. 나른 문화권 사람에게 반감이나 모욕, 증오를 드러내는 언행을 삼가도록 강한 법이 있어야 합니다. 인종 문제 때문에 골머리를 앓는 서양에서는 인종 차별적인 언행을 하면 징역도 살고 벌금도 냅니다. 굉장히 엄해요. 법 때문에 그런 언행을 삼간다면 씁쓸하겠지만 법은 안전망처럼 꼭 있어야 해요. 법이란 그런 거예요.

이 모든 것이 갖추어지면 좋겠어요.[173]

이 모든 것이 다 필요 없을 때가 가장 이상적이겠지만 그건 정말 비현실적이라 생각해요. 하지만 위와 같은 노력들이 다각적으로 펼쳐진다면 낯선 문화에 무조건 고개를 돌리지는 않겠죠. 그러다 보면 겉으로 보이는 것 외에 그 안에 감추어져 있는 중대한 사실을 깨달을 수 있어요.

프랑스에서는 징역 1년 혹은 벌금 최고 5만 유로를 부과한다. 한국은 2년 이하 징역에 벌금 1000만 원을 부과하는 인종 차별 금지법이 2009년 국회에 상정되었으나 2012년 현재 아직 처리되지 않고 있다.

유대감과 연대감

중대한 사실이라뇨?[174]

말 안 통하는 외국에 가면 그곳 사람들이 무슨 생각을 하는지, 왜 저런 표정을 짓는지 도대체 알 수가 없지요. 하지만 차츰 그곳 환경에 익숙해지고 말도 배워 그곳 사람들과 얘기를 나누게 되면 '아, 언어가 달라도 사람 마음은 똑같구나.' 하는 걸 깨닫게 됩니다. 언어가 다르다고 해서 마음이 다른 건 아니라는 거죠. 결론적으로 말하면 우리 모두 똑같은 사람, 똑같은 마음이라는 거예요.

똑같은 사람, 똑같은 마음이라는 것은 어떤 뜻인가요?[175]

피부색이 다르건, 언어가 다르건, 남자든 여자든 누구나 우는 아기를 보면 달래 주고 싶어 하지요. 누가 넘어지면 일으켜 세워 주고, 차가 오는데 모르고 길을 건너려고 하면 소리쳐 알려 주는 것은 다 똑같아요. 이걸 깨닫게 되면 마음속에서부터 모든 사람들에 대해 끈끈한 정, 즉 유대감이 생겨납니다. 저 사람도 내 마음이랑 똑같구나 생각하면 안심이 되잖아요.

유대감에 대해 좀 더 설명해 주세요.[176]

유대감이란 사람과 사람이 보이지 않는 끈으로 연결되어 있음을 느끼는 거예요. 부모와 그 아이들을 생각해 봐요. 형제들끼리도 그런 게 있지요. 서로 걱정해 주고 서로 아껴 주는……

아, 정말 좋아요. 세상 모든 사람들이 그런 끈을 느낄 수 있다면 전쟁은 없어질 텐데요.[177]

맞아요. 우리는 모두 끈으로 연결되어 있어요. 그런데 그 끈이 너무 느슨해서 혹은 투명해서 없다고 생각하는 거예요. 그 끈을 볼 수 있다면 좋겠죠? 어릴 때는 다들 볼 수 있었을 거예요. 천진한 아이들은 어떤 사람이 자기를 해칠 거라는 생각을 안 합니다. 그렇지 않나요?

잘 모르겠어요. 저도 이제 천진한 아이가 아닌가 봐요.[178]

우리 주제와 관련해서 말한다면 아이들은 아무 편견 없이 태어난다는 거예요. 피부색이나 생김새가 다르다는 것에 눈을 뜨는 건 나중 일이에요. 아이들에게는 그런 게 중요하지 않아요. 지금 같이 놀 수 있는지, 나에게는 없는 새로운 장난감을 상대편이 가지고 있는지 없는지가 중요하지요. 그래서 누구와도 친구가 될 수 있어요.

하지만 불행하게도 아이들은 어른들이 보여 주는 편견을 그대로 따르기 쉬워요. 이 때문에 어른들은 자신의 생각이 그릇된 편견인지 아닌지 늘 살펴야 합니다. 그리고 전쟁을 막으려면 유대감만으로는 부족해요. 연대감이 있어야 하지요. 연대감을 가지면 한 가지 목표를 위해 힘을 모아 행동하게 되거든요. 우리 인류에게는 전쟁을 비롯해서 해결해야 할 과제들이 여럿 있습니다.

상호 존중, 상호 배려

무슨 이야기를 하다가 여기까지 왔을까요? [179]

다른 사람, 다른 문화를 존중하려면 개인적으로는 책과 여행이 도움이 되고, 사회적으로는 교육과 계몽, 문화 행사나 법이 필요하다는 얘기를 했죠. 유대감과 연대감까지 화제가 넓어졌어요.

한 가지 궁금한 게 있어요. 우리 땅에 온 다른 문화권 사람들도 우리를 존중해야 하지 않나요? [180]

당연하죠. 먼저 나누었던 도서관 이야기를 가지고 생각해 봅시다. 만약 우리가 Z라면 어떻게 했을까요? 사람들이 자리를 다 차지하고 앉아 있지만 자기도 거기 앉아서 책을 보고 싶다면요?

"저기, 잠깐만요. 여기 같이 앉아도 될까요?" 하고 말했을 거 같아요. [181]

딩동댕! 맞았습니다. 조금 수줍은 사람은 "저기요……." 하면서 눈짓 손짓으로 자기 의사를 표시하겠죠?

너무 쉬운데요. [182]

실제로는 그렇게 쉽지 않아요. 여섯 명이 함께 쓰는 책상이니까 Z는 사람들이 당연히 자리를 좁혀 주어야 한다고 생각할 수 있어요. 그러면 "야, 자리 좁혀. 나 좀 앉자." 하고 거칠게 말하거나 아니면 그저 위협적인 눈으로 빨리 안 움직이고 뭐 하느냐는 표시를 할 수도 있어요. 이렇게 되면 자리를 좁혀 주려고 생각했던 사람들도 기분이 나빠지면서 꼼짝도 안 하고 싶을 거예요. 그야말로 '당연한 것'이 '대결'이 되는 거예요. 생각만 해도 긴장이 느껴지지 않나요?

Z의 태도가 부당한 건 아니에요. 하지만 Z가 생각지 못한 것이 있어요. 자신의 등장이 이미 앉아 있던 사람들에게 번거로움을 끼친다는 것입니다. Z의 자리를 마련해 주려면 사람들은 의자를 옮겨야 하고 책을 치워야 하고 몸을 움직여야 해요. 만약 Z가 오지 않았다면 그런 번거로움은 없었을 겁니다.

그리고 그들은 먼저 온 사람들이에요. 먼저 그 자리를 차지하고 있었던 사람이지요. 그들을 존중하는 것은 마땅한 일이에요. Z는 양해를 구하고 그들이 하던 일을 방해하지 않으면서 부드럽게 끼어들기를 해야 합니다.

먼저 와 있던 사람을 존중하고 양해를 구하라는 말씀이네요.[183]

Z가 "저기, 잠깐만요. 여기 같이 앉아도 될까요?" 하며 말을 건넸다면 먼저 와 앉아 있던 사람들(다들 다른 생각을 갖고 있었겠지만)은 어떻게 반응했을까요?

"아, 그럼요. 앉아도 돼요."라고 말했을 거예요.[184]

그래요. 인사를 하며 겸손하게 양해를 구하는 사람을 거절할 수는 없어요. 인사가 시작일 뿐이란 말을 잊지 않았죠? 한 자리에 앉아 책상을 공유하면서 생활하려면, 더 큰 존중과 배려가 필요하지요.

인사와 환대

▲ 뉴질랜드의 원주민인 마오리 족의 인사법. 이마 와 이마를 서로 맞댄다.

나라나 부족마다 인사법이 다르다는 건 알아요. [185]

맞아요. 프랑스는 양쪽 뺨을 서로 부딪치며 쪽 하는 소리를 내요. 한국과 일본은 고개 숙여 인사하고, 남자들끼리는 악수를 하기도 해요. 이마를 맞대는 곳도 있고 코를 부비는 나라도 있어요.

인사를 받으면 기분이 좋아요. [186]

당연히 그렇죠. 모르는 사람끼리도 인사를 나누면 그 순간부터 아는 사람이 되지요. 반면, 아무리 날마다 본다 해도 인사를 나누지 않았다면 여전히 모르는 사람입니다. 모르는 척하고 거부하고 싶은 마음을 단번에 녹이는 것이 인사입니다.

그러면 빨리 인사를 나누는 게 좋겠네요. [187]

모르는 사람을 보면 바로 인사를 나누는 게 좋아요. 눈을 마주하고 인사를 나눈 다음, 얘기를 하고(보통은 날씨 얘기부터 하지요), 누구인지 말하고, 여기서 뭘 하는지도 말하고, 서로 웃고 함께 음식을 먹고…… 그렇게 이웃이 되고 친구가 되는 거지요.

우리 할머니는 모르는 사람이 동네에 들어오면 다가가서 물어봐요. "어디서 온 누구슈? 여긴 어쩐 일로 오셨수? 잠은 어디서 자고? 그럼 욕보슈!" 그런데 욕을 보라는 말은 무슨 뜻인가요?[188]

요즘 말로 수고하라는 뜻이에요. 일을 보려면 어디를 찾아가야 하고 누구를 만나야 하는 등 이런저런 애를 써야 할 테니 힘들더라도 수고를 해서 일을 잘 해내기를 바란다는 기원이 담겨 있죠. 우리 조상들은 대부분 길 가는 사람들을 환대했어요. 다리쉼을 하고 가라며 붙잡아 앉히고 밥을 먹이기도 했고 어두워지면 잠잘 데를 내주기도 했습니다. 누구든 대접을 잘해서 보내는 것이 예의였답니다.

외국에도 이런 환대 문화가 있나요?[189]

아마 그럴 거예요. 예수도 나그네였으니까요. 〈성경〉에 착한 사마리아 인 이야기나 "네 이웃을 네 몸같이 사랑하라."는 말이 그냥 나온 건 아니었을 거예요. 기독교뿐 아니라 지구상 어느 종교든 (남에 대한) 사랑이 가장 큰 덕목이에요.

인류 3대 성인으로 꼽히는 예수, 석가모니, 공자의 가르침에는 공통적으로 이웃 사랑이 들어 있다. 누구도 '자기 자신을 사랑하라.'는 말은 하지 않았다. 특히 불교에서는 자비(남을 깊이 사랑하고 가엾게 여김)를 강조했다.

6

한국 속의 다문화

다문화 가정

이주 여성

국제결혼

이주 노동자

인격 침해

불법 체류자

국적

신분 제도

북한 이주민

분단과 통일

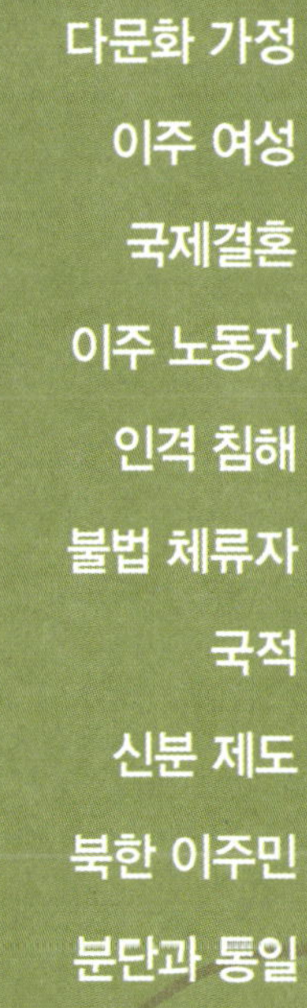

우리 안의 인종주의

외국인들은 한국 사람들이 유난히 정이 많다고 좋아해요. 언제나 반겨 준다고요. 그런 면에서 자부심을 느껴도 되겠죠?[190]

글쎄요. '아주짙은황색인'들이나 머리에 터번을 두른 '약간짙은황색' 이슬람교도, 또는 피부색은 우리와 같지만 생김새가 조금 다른 동남 아시아 사람들이라면 한국에 대해 다른 인상을 갖고 있을 거예요. 지하철에서 어떤 할아버지가 '아주짙은황색인'에게 보인 반응을 떠올려 봐요. 진정한 다문화 사회로 가려면 한국은 극복해야 할 것들이 많아요. 개개인의 마음속에 인종 편견과 사대주의*, 다른 민족에 대한 거부감 등이 배어 있으니까요.

사대주의(事大主義)는 자기 나름의 주체성을 갖지 못한 채 힘이 센 나라, 세력, 사람에게 휩쓸리는 경향 또는 사상을 말한다.

하지만 다 그런 건 아닌데…….[191]

그렇다면 영어 학원의 원어민 강사들은 왜 거의 모두 '옅은황색인'일까요? 이주 노동자들은 왜 "우리는 노동 기계가 아니다. 우리도 사

▲ 가정 폭력 사망 이주 여성 추모 집회. 검은 옷을 입은 시위자들이 지금까지 사망한 여성들의 사진을 들고 있다(서울 덕수궁 부근, 2012년 7월).

람이다.”라고 절규하죠? 왜 다문화 아이들이 학교 가기 싫다고, 아이들이 말더듬이라고 놀리고 따돌린다고 울까요?

이주 여성의 남편들은 고향을 떠나 타국에서 살아가는 아내들에게 충분히 잘해 주고 있을까요? 한국 남편의 폭력을 견디다 못해 집을 뛰쳐나오는 이주 여성이 늘고 있는 까닭은 뭐죠? 주정뱅이 남편에게 맞아 처참하게 죽은 어리디어린 베트남 신부도 있어요.˚˚ 자살도 늘고 있답니다. 그런가 하면 정신병자로 오인되어 6년 3개월 동안 용인의 한 정신 병원에 갇혀 있었던 여성도 있어요.

정신 병원에 갇혀 있었다고요? 누구인데요?[192]

찬드라라는 네팔 인인데 네팔 어로 자신이 누구인지를 수차례 밝혔지만 소용이 없었다고 합니다.

찬드라는 1992년 합법적으로 한국에 들어와 서울의 한 공장에서 일을 하고 있었어요. 어느 날 음식점에서 점심을 먹었는데 지갑을 깜박 잊고 안 가져와 그걸 설명하다가 경찰에 신고를 당했어요. 경찰에서는 찬드라가 말이 서툴고 행색이 초라한 것을 보고 **수용** 시설로 이송한 거예요. 참으로 우리 모두를 부끄럽게 만드는 일이었어요. 한 인권 운동가의 노력이 아니었다면 지금도 찬드라는 '선미야'라는 이름으로 수용되어 있을 거예요. 찬드라는 신원이 밝혀진 뒤 바로 고향으로 돌아갔어요.

급식 시간에 스리랑카에서 온 아이가 돼지고기를 골라내자 아이들이 놀렸어요. 돼지고기도 못 먹는다고요. 그 아이는 울음을 터뜨렸어요.[193]

스리랑카 사람들 일부는 이슬람교를 믿어요. 이슬람교에서는 돼지고기를 먹지 않습니다. 그 아이가 돼지고기를 골라낸 건 옳은 행동이에요. 자신의 종교적 신념을 지킨 거니까요. 설마 돼지고기를 먹지 않는 사람은 다 놀림을 받아야 한다고 생각하는 건 아니겠죠? 그렇다면 채식주의자들이나 절의 스님들도 놀림을 받아야 해요. 그리고 돼지고기를 안 먹는다는 이유로 놀림을 받는다면 돼지고기를 먹는다는 이유로도 놀림을 받아야 해요. 온당한 일이 아니지요. 그런데 돼지고기를 먹든 안 먹든 그게 무슨 문제가 되나요? 길에 침 뱉는 것에 비하면 아무것도 아닌 일 아닌가요?

얼마 전에 이주 노동자들에 관한 신문 기사를 봤어요. 이주 노동자들이 쉬는 시간에 공을 차는 공터가 있는데 동네 주민들이 보기 싫다고 진정을 했어요. 운동을 하는 것뿐인데 너무한 거 같아요.[194]

그 기사에는 이주 노동자들이 끼리끼리 모여 있으면 위험할 것 같아서 그랬다는 내용이 있어요. 한국에 일하러 왔으면 일만 하면 될 것 아니냐는 식이에요. 노동 기계가 아니라는 외침이 그냥 나온 말은 아니지요. 그런데 이런 식의 생각들이 온 국민에게 굳어진다면, 특히 아이들에게까지 이어진다면, 한국은 모두에게 떠나고 싶은 나라가 될 거예요. 누구든 불공평과 모멸감을 오래도록 참고 있을 수는 없어요. 사람은 사람의 노예가 될 수 없으니까요.

맞아요. 사람은 사람의 노예가 될 수 없죠. 사람은 누구나 다 평등하고 존중을 받아야 해요.[195]

불공평과 모멸감을 사람들이 참고 있을 때 개선해야 합니다. 상대편의 존재를 인정하고 같이 의논할 것은 의논하고 갈등이 있으면 해결책을 찾아야 해요. 인간 대 인간으로, 아니, 친구 대 친구 혹은 이웃 대 이웃으로요. 그렇지 않으면 사회에 불안 요소를 하나 키우고 있는 셈입니다.

다문화 사회를 표방하는 서구에서도 종종 폭동이 일어나고 있어요. 그들을 배척하는 움직

▲ 노르웨이 총기 난사 희생자들을 추모하는 꽃다발. 2011년 7월 22일 노르웨이의 우퇴위아 섬에서 극우주의자 브레이비크가 총을 난사해 77명의 일반 청소년들이 희생되었다. 그는 노르웨이에 다문화주의와 이슬람 문화가 퍼지는 것에 반감을 갖고 있었고 이를 나타내기 위해 범죄를 저지른 것으로 알려졌디. 이 시긴은 노르웨이뿐 아니라 진 세계에 큰 충격을 주었나.

임도 사회의 안녕을 깨뜨리는 시한폭탄과 같습니다. 2011년 노르웨이에서 일어난 총기 난사 사건이 그런 경우겠지요. 한국도 방비를 해야 해요. 그러기 위해 먼저 우리 사회에 다문화 현상을 엿볼 수 있는 몇몇 개념들을 살펴봅시다. 먼저 '다문화 가정'과 '이주 여성'부터 시작하지요.

다문화 가정과 이주 여성

다문화 가정은 어떤 가정인가요? [196]

글자 그대로, 가족 구성원 중에 다른 문화권 사람이 있을 때 다문화 가정이라고 합니다. 쉽게 말하면 국제결혼 가정이지만, 한국 사회에서는 아시아 사람과의 결혼으로 이루어진 가정을 주로 가리킵니다. 이 중 흔한 경우가 한국 남자와 아시아 여성의 결혼이라고 할 수 있지요. 외국인 노동자들이 한국인과 결혼해 이룬 가정도 다문화 가정으로 봅니다.

국제결혼 중에서 유독 아시아 사람과 결혼한 경우를 다문화 가정이라고 부르는 까닭은 뭐죠? [197]

좋은 질문입니다. 예전에도 국제결혼은 종종 이루어졌습니다만, 최

▲ 한국 전통 혼례식을 올리는 두 쌍의 다문화 가정 부부(남원, 2011년 5월).

근 10년 전부터 아시아 사람들과의 결혼이 많아졌고, 그중에서도 특히 한국 남자와 아시아 여성 간의 국제결혼은 사회 현상이라고 할 만큼 성행하고 있습니다. 다문화 가정이 늘면서 문제점들도 함께 드러나기 시작했어요. 이들 가정의 고충을 이해하고 이에 알맞은 도움을 주기 위해서 이들 가정을 달리 부를 필요가 생겼습니다. 다문화 가정의 여성을 편의상 이주 여성이라고 하는데 이들이 겪고 있는 고충에 대해 사회가 관심을 가져야 해요.

어떤 고충을 겪고 있죠? [198]

아마도 의사소통이 가장 큰 문제일 것입니다. 말이 잘 안 통하니까 부부뿐 아니라 주위 사람들과도 오해가 생길 수 있지요. 문화와 정서 차이도 문제가 되겠죠. 생각해 보면, 국제결혼은 서로 다른 두 문화가 한 가정에서 만나는 것입니다. 가장 원초적인 다문화 사회라고 할 수 있어요. 의사소통이 잘 안 되는 상황에서 이질적인 문화를 이해하는 것은 무척 어려운 일입니다.

경제적인 형편이 좋지 않다면 이것도 이들 가정에 위험 요소가 될 수 있습니다. 맞벌이를 해서 돈을 벌고 싶어도 언어가 능숙하지 않고 한국 물정을 모르기 때문에 이주 여성에게는 시간당 급여가 낮은 일들이 놓아가게 되지요. 아이가 생기면 일을 하기 더 곤란하겠고요.

그렇겠네요. 아기가 태어나면 돈 쓸 데도 더 많아질 텐데요. [199]

돈두 돈이지만 일반 가정과는 달리, 자녀들의 언어 교육도 다문화 가정의 고충입니다. 아이는 대부분 어머니한테서 말을 배우는데 어

더구나 이주 여성들은 대개 젊은 층으로 사회 경험이 적은 반면, 한국 남편들은 나이도 많고 농촌에 살다 보니 가부장적인 가치관을 고수하는 경우가 많다. 한국은 아시아의 다른 나라들에 비해 남성 위주의 가부장적인 가치관이 많이 남아 있다.

머니가 우리말을 잘 못할 경우, 아이들도 언어 발달이 더딜 수 있습니다. 또래보다 언어 발달이 더디면 친구를 사귀거나 공부를 하는데 어려움이 있겠죠. 선진국들은 이런 문제를 잘 알고 있어요. 그래서 독일에서는 외국 가정 자녀가 서너 살이 되면 의무적으로 언어 능력 검사를 해서 일정 수준 이하면 가정 교사를 붙여 준다고 합니다. 미국과 영연방 국가들도 학교에서 비영어권 아이들에게 별도의 영어 교육을 실시합니다.

다문화 가정이 한국에 얼마나 많은가요?[200]

최근 조사를 보면 결혼하는 부부 9쌍 중 1쌍이 아시아 여성과의 국제결혼이고, 이주 여성은 12만 명으로 나타났습니다. 이주 여성이 12만 명이라는 것은 다문화 가정이 12만 호라는 말입니다. 이들 가정의 자녀 수도 10만 명이 넘습니다.

왜 한국 남자들은 한국 여성 말고 아시아 여성과 결혼하나요? 그리고 왜 아시아 여성은 말도 안 통하는 한국 남자와 결혼을 하나요?[201]

농촌에서 부모님을 모시고 사는 남자들 대부분은 늦도록 결혼을 못하고 있어요. 한국 여성들이 농촌으로 시집가고 싶어 하지 않으니 결혼을 할 수가 없는 거예요. 한국 여성들은 농촌보다는 도시에서 문화생활도 하며 스스로 돈을 벌고 싶어 하지요. 그래서 농촌 남자들이 아시아 여성들을 아내로 맞이하게 된 것입니다.

한편, 아시아 여성들은 한국에 대해 선망을 갖고 있어요. 열심히 일하면 잘 살 수 있다고 알려져 있으니까요. 아시아는 젊은 층이 많아요. 그래서 이들에게 좋은 일자리가 충분하지 않아요. 또 자식이 많

한국에 가면 돈을 벌 수 있다는 희망을 '코리안드림'이라고 한다. 이주 노동자들은 대부분 코리안드림을 갖고 있다.

으면 자식 중 하나가 해외로 시집가는 것도 나쁘지 않다고 생각합니다. 하지만 일부 중매업자들이 남편 될 사람의 조건을 부풀려 소개하는 것은 문제입니다. 중매업자의 말만 믿고 한국에 왔다가 큰 실망을 하는 이주 여성도 생겨나고 있어요.

어쨌든 다문화 가정은 꾸준히 늘고 있습니다. 우리가 생각할 것은 한국이 먼저 이주 여성을 불러들였다는 점이에요. 그러니 한국 정부도 이주 여성이 이곳에서 자리를 잘 잡도록 도와야 할 책임이 있습니다.

하지만 한국 정부가 직접 나서서 한 일은 아니잖아요?[202]

물론 그렇습니다만, 이주 여성을 필요로 한 것은 한국 사회입니다. 사회 문제에 대해 국가가 아무 책임이 없다고 할 수는 없지요. 문제를 조장하지는 않았다 해도 방치한 책임은 있습니다. 그리고 이주 여성의 등장으로 한국 사회가 덕을 보는 면도 있습니다.

▼ 다문화 행사에서 송편을 빚는 이주 여성들(전주, 2010년 9월).

어떤 건가요?[203]

한국의 농촌만큼 고령화가 급속하게 진행되는 곳도 없을 것입니다. 특별한 곳이 아니면 농촌에서 젊은 사람을 찾아볼 수가 없어요. 가구 수도 점점 줄고 아기 울음소리도 뚝 끊겼지요. 이주 여성은 적막한 농촌에 아기 울음소리도 들려주고 가구 수도 늘리며 농촌에 활기를 불어넣습니다. 무엇보다 남자들이 농촌을 떠나지 않도록 붙잡아 두는 역할도 하지요. 제사도 지내고 시부모를 모시며 사라져 가는 한국의 전통과 풍습을 지켜 나가는 다문화 가정도 있습니다. 게다가 지금 한국은 너 나 할 것 없이 아이를 낳지 않으려 해서 사회에 큰 부담이 되고 있잖아요.

출산율이 낮다는 얘기는 들었어요. [204]

맞아요. 노인 인구는 많아지고 젊은 층은 줄고 있는데 앞으로의 한국을 누가 먹여 살릴지를 생각하면 심각한 상황입니다. 출산율을 높이고 청장년층을 두텁게 해야 이 문제를 개선할 수 있어요.

다문화 가정은 다 농촌에 있나요? 도시에는 다문화 가정이 없어요? [205]

도시에도 다문화 가정이 있죠. 다만 농촌에는 마을 공동체가 남아 있어서 가까이에 부모나 친지도 있고 이웃 사람들도 일가친척처럼 허물없이 지내는 터라 이주 여성에게는 사정이 나은 편입니다. 그러나 농촌은 농촌대로, 도시는 도시대로 그 나름의 고충이 있겠지요.

정부는 어떤 것을 먼저 개선해야 할까요? [206]

먼저 중매업자들이 책임감 있게 일을 하도록 관리와 감독을 해야 합니다. 또한 혼인을 통한 국적 취득 관련 법규를 개선할 필요가 있어요. 물론 악용될 소지—국적 취득을 목적으로 거짓으로 혼인하는 것—가 있습니다만, 그렇다고 해서 많은 이주 여성을 남편의 소유물이나 피고용인처럼 묶어 두는 것도 불공정합니다. 또한 쌍방(남편과 아내) 교육과 보살핌으로 다문화 가정이 원만하게 한국 사회에 자리 잡을 수 있도록 해야겠지요. 이들 가정이 깨진다면 다문화 2세들이 건강하게 성장할 수 없어요.

2012년 보건복지부 통계에 의하면 2060년에는 노인 인구 비율이 40.1%라고 함.

현행 제도에서는 혼인을 하더라도 이주 여성들은 2년에서 3년이 지나야 영주권 혹은 국적 취득을 신청할 수 있다.

이주 노동자

이주 노동자들 형편은 어떤가요?[207]

외국인 노동자 중에서 한국에 오래 머물면서 일하는 사람들을 따로 이주 노동자라고 부릅니다. 2010년 이주 노동자들은 약 74만 명으로 추산됩니다. 이 중 55만 명이 합법적인 체류자들입니다.

이주 노동자들은 언제부터 들어오기 시작했죠?[208]

1990년대 초부터예요. 그들의 모국은 일자리보다는 사람이 많고, 한국은 일자리는 있고 사람이 없는 상황에서 이주 노동자들이 들어오기 시작했습니다.

한국에 일할 사람이 없다고요? 뉴스에서는 청년들이 대학을 졸업하고도 일자리가 없어서 취직을 못 한다고 하던데요?[209]

한국에 청년 실업률이 높은 것은 사실이지만, 대학 나온 청년들이 고소득의 안정된 일자리를 찾고 있는 것도 사실입니다. 더구나 몸을 써서 하는 힘든 일은 사회적으로 인정받지 못해 대부분 기피하고 있어요. 따라서 그런 일을 할 사람은 여전히 부족해요. 또한 업체들이 임금이 싼 사람을 쓰려고 하는 데에서도 원인을 찾을 수 있어요. 이주 노동자를 쓰는 곳은 대부분 중소 업체들로서, 대기업에 비해 돈을 잘 벌지 못하니까 임금을 많이 줄 수 없고 그러다 보니 값싼 노동력을 데리고 올 필요가 생긴 것입니다.

다문화는 '입체'라고 했던 말이 기억나네요.[210]

그래요. 특히 이주 노동자 문제는 다각적으로 살펴보아야 해요. 지금으로서는 이주 노동자가 없으면 손으로 하는 산업은 타격이 클 거예요. 우주 탐사를 나가는 시대이지만 우리의 생활은 여전히 사람 손에 달려 있어요. 농사를 짓고, 옷을 만들고, 자동차를 만드는 것, 휴대 전화를 조립하는 것 등 '손의 노동' 없이는 '머리의 노동'도 있을 수 없어요.

이주 노동자는 어느 나라에서, 어떤 경로로 오게 되지요?[211]

이주 여성처럼 주로 이웃 나라에서 옵니다. 중국, 몽골, 스리랑카, 네팔, 인도, 파키스탄, 베트남 등이죠. 이들은 자기들 나라의 인력 송출 업체를 통해 절차를 밟습니다. 한국은 적합한 이들을 선정해 고용을 합니다.

앞에서 한 나라에서 다른 나라로 옮겨 갈 때 입국 허가증, 그러니까 비자가 필요하다는 설명을 했죠? 이주 노동자는 일종의 취업 비자를 받고 오는 셈이죠. 취업 비자를 받는 데도 그 나라에서는 몇 달치 월급을 모아야 할 만큼의 큰돈이 들어가는데, 특히 정보가 부족한 곳에서는 알선 업체가 한국에 취업을 시켜 준다며 어마어마한 돈을 요구하기도 합니다. 한국에 가면 얼마 안 가 그보다 몇 배나 되는 돈을 벌 수 있다고 순진한 청년들을 유혹하지요. 무려 1500만 원의 수수료

를 내고 한국으로 들어온 사람도 있습니다. 그야말로 집 팔고 땅 팔아 한 사람을 한국으로 보내는 것입니다.

막상 한국에 와서 보면 상황이 다르다는 것을 알겠네요.[212]

그렇죠. 하루 열 시간 넘게 일해서 받는 돈이 100만 원 조금 넘어요. 그중에서 반 정도를 고스란히 모국으로 부친다고 해도 30개월, 그러니까 2년 6개월이 걸려요. 그런데 현행 고용 허가제로는 3년 정도만 일할 수 있어요. 그러니까 한국에 올 때 큰돈을 빚진 사람들은 겨우 그 빚을 갚고 돌아가는 셈이죠. 물론 모두 다 이런 상황인 것은 아니에요. 그러니 이주 노동자에게는 여러 가지 피할 수 없는 문제들이 있어요.

어떤 문제들인가요?[213]

가장 흔한 문제는 임금을 떼이는 것입니다. 한국 '사장님'들 중에는 이주 노동자들이 언젠가는 자기들 나라로 돌아가야 한다는 것을 알고서 갖가지 핑계로 임금을 미루거나 깎기도 합니다. 조사에 따르면 이주 노동자의 60퍼센트 정도가 이런 일을 당했다고 합니다.

돈을 멀러 왔는데 임금을 떼이면 정말 화날 거 같아요.[214]

이주 노동자들은 아직 젊으니까 장래에 어떤 일을 하게 될지 몰라요. 그들이 한국에 대해 나쁜 이미지를 갖게 될까 봐 그것이 걱정입니다. 처음에 나쁜 인상을 받으면 그것을 풀기란 정말 어렵잖아요. 임금 체불 말고도 이들은 한국에서 무척 힘들게 생활하고 있거든요. 한마디로 삶의 질이 낮아요.

이주 노동자들은 돈을 아끼려고 공장에서 숙식을 해결하는 경우가 많아요. 아니면 여러 명이 방을 얻어 함께 지냅니다. 병원비 부담도 큰 문제입니다. 일을 하다가 다친 경우에도 절반 정도의 병원비를 자기가 내야 해요. 말이 잘 안 통하는 상태에서 안전장치가 허술한 공장에서 일을 하다 보니 종종 사고가 일어납니다. 기계에 몸 일부분이 말려 들어가 평생 불구가 되거나 오염 물질이 많은 곳에서 일을 하다가 고질병을 얻게 된 사람도 더러 있습니다.

물론 한국 사람들도 일을 하다가 사고를 당하기도 해요. 과거 독일에 파견되었던 광부 중에도 사고로 목숨을 잃은 사람이 있습니다. 하지만 사고 이후 어떤 보상과 배려가 따르는지에 따라 그 나라의 인격(국격)이 드러나지요. 어쨌거나 생판 모르는 나라에서 힘든 노동을 장기간 한다는 것은 쉬운 일이 아니에요.

모르는 나라에서 생활하는 게 어떤 건지 잘 모르겠어요. 한 번도 경험해 보지 않아서요.[216]

맞아요. 그래서 사람들은 그럭저럭 잘 지낼 거라고 생각해요. 하지만 그렇게 단순하게 생각할 일이 아니에요. 가족도 없지요, 친구도 없지요, 음식도 안 맞지요, 말도 안 통하지요, 문화도 너무나 낯설지요……. 이쯤은 예상을 하고 왔으니까 그러려니 할 수 있을지 몰라요. 임금 체불도 어느 나라에서나 일어날 수 있는 일입니다. 그러나 내가 만약 이주 노동자라면 가장 견디기 힘든 것은 인격 침해일 것 같아요.

◀ 고용 허가제 폐지와 노동 기본권 등을 주장하는 이주 노동자의 시위 집회 (서울 종로, 2012년 8월).

인격 침해라고요? [21]

'사장님'과 주위 사람들에게 무시당하고 심지어 범죄자 취급을 받는다면, 욕설을 듣고 구타를 당한다면 어떨까요? 사실 이주 노동자들 중에는 대학 나온 사람들도 꽤 있어요. 대학을 나와도 자기 나라에 별다른 일자리가 없어서 한국으로 온 것입니다. (파독 광부들 중에도 대학 졸업자들이 많이 있었어요.) 물론 대학을 나왔다고 해서 그런 취급을 받는 것이 더 부당하다는 뜻은 아니에요. 하지만 이주 노동자들이 노동을 한다고 해서 학교도 제대로 안 다녔을 거라고 생각하는 건 잘못이에요. 한국 업체의 사장과 이주 노동자의 관계는 고용인과 피고용인의 관계이지 주인과 하인의 관계가 아닙니다.

이주 노동자들이 시위를 한 적도 있는데 그들이 든 피켓에는 '제발 때리지 마세요. 밀린 월급 주세요.'라고 적혀 있었어요. 한국에서 남을 때리면 폭행죄에 해당됩니다. 월급을 고의로 안 주는 행위도 법을 어기는 것입니다.

이유 없이 사람을 왜 때리고 욕을 왜 해요? [218]

이주 노동자들은 사회적 약자입니다. 사회적으로 약자의 신분이라는 거예요. 몸이 큰 어른이 아이를 때리면 아이는 맞을 수밖에 없지요? 저항하기 힘든 처지의 사람에게 폭행을 가하는 것은 야만스러운 짓입니다. 제국주의적 발상이죠. 이주 노동자들이 공장 사장에게 폭행을 당하고 욕설을 들었다고 신고하려면 그 공장을 그만둘 각오를 해야 해요. 그러면 새로 공장을 구할 때까지 돈을 벌 수 없고 여러 가지 고충이 뒤따르지요. 이런 약점을 이용하는 거예요. 이유 없이 폭행을 하는 것도 나쁘지만 이유가 있다고 해도 폭행을 해서는 안 되죠. 말로 풀어야 하잖아요. 폭력은 그 어떤 경우에라도 정당화될 수 없어요.

만약 부도가 나서 임금을 지불하지 못하면 어떻게 해요? [219]

합법적인 고용 상태에 있다면 임금이 지불되도록 노동부에서 조치를 취합니다. 하지만 불법 체류자들은 월급이 깎이거나 떼여도 말을 할 수 없습니다. 신고를 하면 체불 임금은 어찌어찌해서 받을 수 있겠지만 불법 체류에 따른 벌금을 내고 강제 출국을 당합니다. 어떤 때는 벌금이 체불 임금보다 더 많기도 해요. 이런 이유로 불법 체류자들은 신고를 하지 못하는 형편입니다.

불법 체류자와 국적 없는 아이들

잠깐, 불법 체류자들이라고요? 그 사람들은 어떻게 해서 불법이 되었죠? [220]

정해진 기간을 넘기고도 계속 머물면 불법 체류자가 됩니다. 2010년 기준으로 이런 형편에 있는 사람들은 약 18만 명에서 19만 명으로 추정됩니다. 이들 중에는 10년 이상 체류한 사람도 있어요. 어느 한곳에서 10년 이상 살면 이미 그 지역 사람이 되었다고 보는 게 타당합니다. '미누(본명은 미노드 목탄)'라는 이름의 네팔 인은 18년을 한국에서 살았어요. 20대에 한국에 와서 인생의 청년기와 장년기를 한국에서 보낸 셈입니다. 하지만 결국 강제 출국을 당했어요.

가족은 없었나요? [221]

미누에게는 가족이 없지만, 강제 출국을 당하는 불법 체류자들 중에 가족이 있는 사람도 있겠죠. 아내(혹은 남편)가 있고 아이도 태어나면 혼자 본국으로 돌아갈 수도 없고, 이러지도 못하고 저러지도 못하는 상황이 되지요. 강제 출국을 당하면 그야말로 가족들은 생이별을 하는 거예요. 아니면 가족 모두 오랫동안 정붙이고 살았던 한국을 떠날 수밖에 없지요.

현행 고용 허가제는 3년이 기한이지만 여기에 1년 10개월을 연장할 수 있어 최장기 4년 10개월을 일할 수 있다. 계약 기간을 마치고 출국하면 한 번 더 한국에 들어올 수 있다.

▲18년 동안 한국에서 살다가 2009년 10월 강제 추방된 미노드 목탄. 한국에서 인권과 관련된 문화 활동을 해 왔다.

꼭 그렇게 강제 출국을 시켜야 하나요? [222]

그것이 법이니까요. 하지만 난민과 망명자에게 예외를 두는 것처럼 어떤 경우에나 법이 최선의 선택은 아니라고 생각해요. 법을 만든 것은 사람이니까 '법보다 사람이 먼저'가 아닐까요? 미누는 단지 기간을 넘겼을 뿐이에요. 누군가를 해치는 범죄를 저지른 것이 아니에요. 18년 동안 살면서 한국의 문화와 환경에 익숙해졌고 한국 사람들과 폭넓게 교류했어요.

어차피 또 외국에서 노동자를 받아야 할 텐데 왜 그토록 오래 일했던 사람을 쫓아내는지 모르겠어요. [223]

회사 측에서는 오래 일한 사람한테는 돈을 더 많이 주어야 해서 기피하는 경우도 있겠고, 정부로서는 이주 노동자들이 한국에 그대로 눌러앉아 한국 국민이 될까 봐 우려하는 마음도 있습니다.

하지만 여기서 짚고 넘어가야 할 것이 있어요. 이주 여성 이야기를 할 때도 언급한 것처럼 한국에는 젊은 층이 절대적으로 모자라요. 한국에 일하러 오는 사람들은 거의 젊은 층입니다. 그들 중 대부분은 일을 마치고 자기 나라로 돌아가요. 그러나 이런저런 사정으로 남아 있는 사람들은 심사를 통해 구제하는 게 현명한 일 아닐까요? 어느 나라나 그런 정책을 펴고 있답니다. 한국에서도 2002년 월드컵 경기 때 불법 체류자들을 합법화한 적이 있습니다. 한국에서 태어난 그들의 자녀까지 무국적자로 만들 수는 없잖아요. 그건 부당하고 비인간적인 일이에요.

불법 체류자의 자녀들은 무국적자가 되나요? [224]

부모가 출생 신고를 할 수 없으면 그 자녀는 무국적자가 될 수밖에 없지요. 국제 연합 '아동 권리 협약' 제3조에 따르면, 어느 아이나 태어날 때부터 이름과 국적을 가질 권리가 있다고 하는데 안타까운 일입니다.

한국은 1990년 9월 25일 이 협약에 서명하고, 1991년 11월 20일 비준했다.

왜 출생 신고를 할 수 없죠?[225]

출생 신고를 하면 아버지든 어머니든 불법 체류자라는 것이 드러날 수 있고 그러면 강제 출국을 당하잖아요. 부모의 신분이 노출될까 봐 학교도 마음 놓고 못 보내요. 그래서 어린이집이나 학교에 가지 못하고 집에 방치되는 아이들노 많아요.

어서 개선책이 나왔으면 좋겠네요.[226]

적어도 아이들은 마음 놓고 학교에 다닐 수 있어야 합니다. 이주 노동자들도 폭행과 폭언에 시달리지 않고 일을 할 수 있어야 해요. 그런데 한국인들이 왜 이렇게 이주 노동자들을 함부로 대하는지, 생각해 봐야 할 점이 있어요.

▲ 노래하는 다문화 아이들. 2011년 6월 서울 남산 국악당에서 열린 다문화 어린이 합창대회에서.

역사극 속의 노비와 그 이후

무엇을 생각해 봐야 한다는 거죠? [227]

우리에게도 노예가 있었어요.

노예가 있었다고요? 처음 들었어요. [228]

'노비'라는 말은 들어 보았죠? '종'이란 말도요? 텔레비전 역사극을 보면 양반이 나오고 양반들의 심부름을 하는 종이 나옵니다. 그들이 바로 노예입니다. 우리는 노비라고 부르지요.

아프리카 노예들처럼 노비도 누구한테 팔리기도 하고 채찍을 맞으며 일했나요? [229]

노비는 자신의 주인인 양반에게 사고 팔릴 수도 있고, 심지어 죽임을 당할 수도 있었어요. 노비는 주인이 시키는 일이라면 무엇이든 해야 했어요. 결혼도 주인이 맺어 주는 사람과 해야 했지요. 노비의 자식들도 노비가 되었고요. 조선 시대의 신분 제도는 몹시 엄격했어요. 양반, 중인, 상민, 천민(노비가 대다수) 순으로 신분에 따라 생활이 완전히 달랐습니다. 서구에서와 같은 인종 차별은 아니지만 신분에 따른 차별은 그것만큼이나 심각했습니다.

지금도 노비가 있는 건 아니죠? 노비는 언제 해방이 되었나요? [230]

한반도의 오랜 역사에서 노비 제도가 없어진 것은 불과 100년이 조금 넘었을 뿐입니다. 노비 신분에서 풀려나도 땅이 없어서 주인집 농사를 지어 주며 주인집에 의존해 사는 사람도 많았습니다. 이렇게 사는 것을 머슴살이라고 하지요. 해방 때까지는 농촌에서 머슴살이를 하는 사람들을 흔히 볼 수 있었어요.

역사극에서 노비를 볼 때는 그냥 그런가 보다 했는데 생각을 해 보니 좀 놀라운데요. [231]

신분 제도는 폐지되었지만 아마도 한국 사람들의 뇌리에는 신분 제도 때의 기억들이 남아 있을 것입니다. 이주 여성이나 이주 노동자들을 무시하는 태도는 여기에서 유래하는 게 아닌가 생각해 봐야 해요. 자기보다 경제력이나 명예가 우세해 보이는 사람에게 순종하는 태도도 이와 관련이 있을 것 같고요. 양반을 제외하면 전체 인구의 약 80퍼센트가 이러한 신분 차별 속에서 대대로 살아왔으니 열에 여덟은 차별이 무엇인지 아는 셈입니다.

열에 여덟이 차별이 뭔지 알고 있다면 그것이 얼마나 부당한지 알 텐데, 왜 개선이 안 되죠? [232]

열에 여덟은 한 번도 자신의 신분을 뒤엎어 보지 못한 채 대대로 차별을 받아 왔어요. 어쩌다 보니 신분 제도가 없어진 거지, 차별받던 사람들이 투쟁을 해서 없어진 것이 아니라는 얘기입니다. 말하자면 수동적으로 신분에서 해방된 거예요.

노비는 1800년대 이후로 차츰 줄어들었다가 1894년 갑오개혁으로 신분 제도가 폐지됨에 따라 완전히 사라졌다. 머슴살이는 일반 사람들도 더러 했는데, 이때는 고용인과 피고용인의 관계였다.

▲ 김홍도의 〈벼 타작〉. 사람들이 힘들게 벼 타작을 하고 있는 것과는 대조적으로 양반은 팀맷내를 늘어뜨리고 이를 지켜보고 있다.

그게 그렇게 중요한가요? [233]

그동안의 불공평한 처우에 대해 해명과 보상을 충분히 받지 못한 상태에서 다른 사람을 차별할 수 있는 위치에 올라갔다고 가정해 봐요. 마음이 흔들리지 않겠어요? 자기가 당한 것을 그대로 남에게 돌려주기 쉽다는 거예요. 여기에 딱 적당한 표현으로 '시집살이를 당해 본 며느리가 더 시집살이 시킨다.'는 말이 있어요. 무슨 뜻인지 알겠나요?

대강 짐작할 수 있어요. [234]

그 유혹을 뿌리치려면 개개인이 의식적으로 노력해야 합니다. 본능을 거스르는 것만큼 힘든 일이지요. 그런데 이런 신분 제도가 조선에만 있었던 것도 아니에요. 형태는 조금씩 다르지만 어느 나라에서나 다 있었습니다.

인도에는 아직도 엄격한 카스트 제도가 남아 있어요. 지금도 노예 부리듯 사람을 부리는 곳이 있습니다. 그러니까 인류 역사에 어느 시대에나 인간에 대한 인간의 차별은 있었던 셈입니다. 그렇다고 해서 차별을 용인해서는 안 됩니다. 절대로요. 오히려 그런 역사가 있기 때문에 이제 더는 차별을 용인하지 말아야 하지요.

찬성, 대찬성입니다! [235]

이런 고찰을 하는 까닭도 혹시 우리 인류 유전자에(대부분은 열에 여덟에 속할 테니까) 그런 성향이 잠재되어 있을 수도 있으니 더 조심을 하자는 의미입니다. 이 점이 중요합니다. 혹시 내가 누구를 괜히 차별하는 건 아닐까? 혹시 나도 모르게 내가 이주 노동자들을 우리나

라에 머슴살이하러 온 사람으로 생각하는 건 아닌가? 스스로 이런
물음을 자주 되풀이하여 마음을 올바른 길로 이끌어야 합니다.

열에 여덟이 아니라 둘에 속하는 사람이라면요?[236]

하하, 그렇다면 훨씬 큰마음을 가져야 해요. 자기가 가진 것의 80퍼
센트는 사회에 내놓아야 할걸요? 왜냐하면 오랜 동안 남을 부려먹으
며 엄청난 특권을 누렸을 테니까요. 하지만 이런 이야기는 우리 둘
만 하는 것으로 끝내야 합니다. 지금은 모두 열 명 중 열 명이에요.
각자 다 자기 자신의 주인이고 이 사회의 주인입니다.

휴, 다행이에요.[237]

그렇죠? 그 열 명에는 이주 여성도 있고 이주 노동자도 있어요. 뿐
만 아니라 북한 이주민도 있고요.

북한 이주민

북한 이주민은 어떤 사람들인가요?[238]

이제 북한 이주민에 대해 얘기할 차례가 되었군요. 북한 이주민이란 북한에서 넘어와 한국에 정착한 사람들입니다. 북한 이주민의 유입 역시 우리 사회의 새로운 변화를 말해 주는 현상입니다. 2012년 7월 현재 북한 이주민들은 2만 4000여 명에 이릅니다. 이주 여성이나 이주 노동자에 비하면 적은 수이지만 앞으로 점점 늘어날 거예요.

북한 이주민은 어떻게 한국으로 오게 되었죠?[239]

북한은 다른 나라로의 이민을 법적으로 금하고 있습니다. 그러니 다른 나라로 가려면 몰래 빠져나오는 수밖에 없습니다.

1990년대 후반부터 북한은 식량난이 극심해졌어요. 이 때문에 탈북자들이 많이 생겨났지요. 이들은 대부분 두만강을 통해 어렵사리 중국으로 넘어갑니다. 일단 중국으로 숨어들어 조선족이나 민간단체 등의 도움을 받아 한국으로 들어오지요. 북한에서 탈출했다고 바로 한국에 올 수 있는 것은 아닙니다. 중국 경찰에게 붙잡히면 북한으로 이송되어 혹독한 처벌을 받습니다. 죽음을 당하기도 하고요.

그야말로 목숨을 내놓고 탈출을 감행하는 거네요.[240]

그렇죠. 운이 좋으면 1, 2년 안에 한국으로 들어오지만 보통은 신분이 노출될까 봐 아시아 여기저기를 떠돌아요. 그러면서 병을 얻기도 하고요. 북한 이주민이 한국에 들어와 겪는 문화적 충격은 그야말

◀ 중국에 붙잡힌 탈북자들의 북송 반대를 외치는 시민들(수원 효원 공원, 2012년 3월).

로 임청납니다. 북한과 남한은 같은 민족이지만 오랫동안 교류를 하지 못해서 가치관이나 사고방식이 많이 달라졌거든요. 남한 사람들의 편견과 경계심도 불편하게 느껴질 테고요. 배고픔과 생명에 대한 위협은 면했지만 한국 사회에 뿌리를 내리고 적응하는 것은 만만치 않겠지요.

한국에 들어오면 바로 아무 데서나 살 수 있나요?[241]

일단 모든 북한 이주민은 정부 기관인 '하나원'이라는 곳에서 3개월 동안 머물게 됩니다. 그동안의 피로를 풀면서 한국 사회에 적응하는 데 필요한 여러 가지 것들—관청이나 은행 이용 방법, 신용 카드 사용법, 인터넷이나 휴대 전화, 대중교통 이용법 등—을 배웁니다. 또한 거주할 지역이나 일자리 등도 알아보고 먼저 와 있던 북한 이주민들과 이야기도 나눌 수 있어요. 그런 다음에는 원하는 곳에서 살게 됩니다. 잘 정착할 수 있도록 일정 기긴 약긴의 지원금과 주거비가 제공되지요.

보통 가족과 함께 오나요? 242

가족과 함께 탈출했다고 해도 가족이 모두 무사히 한국에 오는 경우는 드물어요. 가족 중 누군가는 도중에 붙잡히기도 하고 도망치는 과정에서 뿔뿔이 흩어지기도 하니까요. 다 함께 살 수 없을 때는 부모가 아이만이라도 도망치게 하지요. 이야기를 들어 보면 기막힌 일들이 태반이에요. 믿을 수도 없고 믿지 않을 수도 없는 참담한 상황이 지금도 여전히 계속되고 있어요. 그 와중에 살아남았다는 것이 기적인 셈이에요.

북한은 왜 그렇게 굶주리게 되었나요? 243

처음부터 그랬던 건 아니에요. 1970년대까지만 해도 북한은 명절에 떡도 해 먹고 옷도 해 입을 정도로 형편이 좋았어요. 남한에 물난리가 났을 때 쌀을 보내 주기도 했답니다. 하지만 그 이후 점차 나라가 곤궁해지기 시작했어요. 소련이 붕괴되고 러시아로 재구성되면서 소련에서 받던 원조가 끊긴 것이 원인 중 하나입니다. 북한은 소련이 언제까지고 석유며 천연자원을 지원해 줄 거라 생각한 거예요. 소련은 사회주의를 포기하면서까지 개방을 한 반면, 북한은 고립 정책을 폈습니다. 중국도 다른 나라에 문호를 개방했지만 북한은 끝내 그러지 않았어요. 석유와 천연가스를 받지 못하게 되자 숲의 나무를 베어 연료로 쓰기 시작했고 홍수와 가뭄이 몇 차례 휩쓸고 가니 결국엔 회생 불능 상태에 빠지게 된 것입니다.

석유가 그렇게 큰 영향을 주나요? 244

지금의 산업은 석유와 천연가스에 의존하고 있어요. 석유가 안 나는 나라에서는 물건을 만들어 수출해서 석유를 사 와야 해요. 석유가 있어야 공장을 돌릴 수 있고 물건을 실어 나를 수 있지요. 석유와 천연가스는 무언가를 가동시킬 수 있는 에너지입니다. 몸에 에너지가 없으면 몸을 움직일 수 없잖아요. 몸을 못 움직이면 일을 할 수 없으니까 돈을 벌 수 없고요. 그럼 먹을 것을 사지 못하니까 몸에 에너지를 공급할 수 없지요.

한국도 석유가 없잖아요.[245]

한국은 돈을 빌려서 석유를 사 왔어요. 그 석유로 공장을 돌려 물건을 만들어 팔고 그 돈으로 이자도 내고 먹을 것도 샀습니다. 남의 나라에 가서 일해서 외화도 벌어들였지요. 나라 살림은 이보다 훨씬 더 복잡하게 돌아가지만 대강 이런 식이에요.

북한 이주민에 대해 무관심하거나 같은 민족이 아니라고 생각하는 아이들이 많아요. 그냥 배가 고파 넘어온 거라고요.[246]

북한 이주민을 포함해 현재 북한 땅에서 살고 있는 사람들도 우리와 같은 민족이에요. 같은 언어와 역사를 공유하고, 김치와 된장, 고추장을 먹으며 살고 있잖아요. 그뿐인가요? 똑같이 〈아리랑〉을 부르며 어깨춤을 춥니다. 어깨춤을 추는 민족은 세계 어디에도 없어요.

60년 전만 해도 왕래가 자유로웠고 우리의 조부모 세대들 중에는 북한에서 태어나 자란 분들도 꽤 많지요. 실감이 안 나며 이렇게 가정해 봐요. 가족이 모두 서울에 살고 있는데 아버지가 부산으로 며칠 출장을 간 사이 갑자기 대진픔에 경계선이 그어져서 왕래를 못 한 채 60년이 흘렀다면, 아버지와 나는 같은 민족이 아닌가요? 큰집은

전주에 있고 우리 집은 서울에 있는데 분단이 되어 60년을 못 만났
다면 큰집과 우리 집은 같은 민족이 아닌가요?

앞에서도 살펴본 것처럼 북한 주민이 굶주리게 된 것은 그들 잘못
이 아니에요. 전 재산을 도박으로 날린 것도 아니고 쇼핑 중독에 빠
져서 그렇게 된 것도 아니잖아요. 굳이 잘못이라면 어쩌다 북한에서
태어났다는 것 혹은 북한에서 살고 있었다는 것뿐이죠. 그걸 잘못이
라고 할 수 있나요?

**아뇨. 그럴 순 없죠. 만약 그렇다면 어디에 살아야 잘못이 아닌지 알
수 없어요.**[247]

맞아요. 우리의 미래는 알 수 없는 것투성이입니다. 우리가 어쩌지
못하는 일들도 일어날 수 있어요. 살기 위해 우리 품으로 도망쳐 온
이들을 내친다는 것은 사람이 할 짓이 아니죠. 고생도 고생이지만
이루 말할 수 없는 아픔과 상처를 지닌 사람들이에요. 마음 깊이 어
루만져 주어야 그 상처가 아물 수 있어요. 비록 같은 민족이 아니라
고 해도 사람으로서 그렇게 해야 합니다.

통일이라는 문제

아이들은 북한에 배고픈 사람들만 넘쳐 나는 줄 알아요. 북한 때문에 남한이 못살게 될까 봐 통일되지 않았으면 좋겠대요.[248]

통일이 되기까지, 그리고 통일이 되고 나서도 얼마 동안은 혼란스럽 겠죠. 사회가 큰 변화를 겪게 될 테니까요. 하지만 차차 혼란이 가시 면서 한국은 온전한 모습으로 성장할 것입니다.

지금 남북한 사회가 안고 있는 문제들 중에는 오랜 분단의 결과로 생긴 것들이 많아요. 통일이 되면 그런 문제들이 하나하나 해결될 것입니다. 물론 경제도 나아질 것입니다. 독일을 보세요. 독일이 통 일될 때 일부 서독 사람들은 뭔가 피해를 보는 게 아닌가 걱정했어 요. 하지만 지금 독일은 그 어느 나라보다도 튼실한 나라가 되었답 니다.

구체적으로 어떤 것들이 좋아질까요?[249]

한 경제 연구원의 분석에 따르면, 2050년 정도에 통일이 된다는 가 정에서 '통일 한국'은 세계 10위의 국력을 갖게 된다고 합니다. 왜 그 런가 하면 인구가 많아지기 때문이에요. 인구가 많아지면 필요한 것 들이 많아질 테니까 소비가 촉진됩니다. 소비가 늘면 시장이 커집니 다. 물건을 만들어도 내다 팔 시장이 없으면 아무 소용이 없지만 살 사람이 많으면 시장이 커지는 거죠.

이렇게 되면 자연스럽게 일자리가 늘어납니다. 일자리가 늘면 사람 들이 돈을 벌고, 또 그 돈을 쓰면서 경제가 활성화됩니다. 그러면 우

리네 살림살이도 나아지게 되지요. 그뿐 아니라 청장년층이 두터워
져서 사회에 활력이 넘칠 것입니다. 그만큼 노령화 속도도 늦출 수
있고요. 나라가 젊어진다고 할 수 있어요.

인구에 대해서는 잘 생각해 보지 않았어요.[250]

인구가 많다는 것은 서로 협력할 수 있는 사람이 많고 필요한 것을
나눌 수 있는 사람이 많다는 뜻이에요. 남한과 북한도 그렇죠. 이
를테면 남한 사람은 비료를 갖고 있지만 종자가 없어서 농사를 못
짓고 있다고 쳐요. 하지만 북한 사람은 종자는 있지만 비료가 없어
요. 통일이 되면 서로 부족한 것을 채우면서 함께 농사를 지을 수
있겠죠.

남한에는 기술 자원이 많아요. 반면 북한에는 광물 자원이 많고요.
이 둘을 합치면 많은 것을 이루어 낼 수 있어요. 멈춰 있는 공장도
돌릴 수 있고 끊어진 다리도 이을 수 있어요.

▼ 남북한 단일팀. 2003
년 하계 유니버시아드 대
회 개회식 장면이다.

어른들은 왜 아이들에게 이런
설명을 안 해 줄까요? 차근차
근 설명해 주면 아이들이 통
일에 대해 나쁘게만 생각하지
않을 텐데요.[251]

남한만으로는 인구도 적고
땅도 작아서 국제 사회에서
자립하기 힘듭니다. 하지만
북한과 합치면 희망이 있어

요. 게다가 남한과 북한이 서로 대치하면서 군사비로 쓰는 돈이 얼마나 많은지 알아요? 천문학적인 돈이 해마다 들어갑니다. 그 돈을 0.1퍼센트만 줄여도 큰돈을 아낄 수 있어요. 지금부터라도 남북한이 차츰차츰 국방비를 줄이면 어떨까요? 그 돈을 통일 비용으로 비축해 두거나, 하다못해 외국에서 빌린 돈이라도 갚는다면 좋을 거 같아요. 이뿐이 아니에요. 우리가 통일을 이루어야 하는 까닭에는 더 중요한 것이 있어요.

그게 뭔데요?[252]

같은 민족이 이렇게 분단된 채 서로 등을 놀리고 있는 것은 온당한 일도 아니고 온전하지도 않다는 거예요. 지금 한국은 상반신 혹은 하반신 마비 환자라고 할 수 있어요. 허리띠를 꽉 동여매 피를 통하지 못하게 한 셈이에요. 허리띠를 풀면 피가 통하면서 서서히 마비가 풀리지 않겠어요? 정상으로 돌아오려면 오랫동안 꾸준히 재활 치료를 해야겠지요.

통일을 위한 재활 치료라고요?[253]

그래요. 먼저 사람들이 서로 이야기를 나누어야 합니다. 편지도 하고 이메일도 하고요. 그리고 왔다 갔다 할 수 있어야 해요. 여행도 하고 예술 공연단과 상품도 오가고……. 통일을 앞당기려고 하기보다는 남북한이 이렇게 교류를 하며 소통하는 게 중요해요. 그러다 보면—이걸 재활 치료라고 볼 수 있는데—자연스레 통일이 이루어질 것입니다. 북한 이주민의 자녀들은 이런 움직임에 큰 몫을 할 거예요. 다문화 사회의 이점 중 하나죠.

다 함께 어울려 살기

다문화 사회
다문화 2세
사회적 약자
세계 시민
인류애
바로행동과 모두행동

다문화의 이모저모

막상 북한과 교류가 시작되면 그곳 사정을 잘 알고 있는 사람들이 필요합니다. 사회 각 분야에서요. 북한에 대해서는 북한 이주민이 누구보다도 잘 알지 않겠어요? 또 북한 사람들이 남한에 와서 무언가 하려고 한다면 먼저 와 있던 이주민들이 큰 도움을 줄 수 있겠죠. 그들에게는 커다란 가능성이 있어요. 다문화 자녀들도 마찬가지입니다.

다문화 가정의 아이, 즉 다문화 2세들은 아버지의 나라와 어머니의 나라에 다리를 놓을 수 있어요. 당연히 양쪽 나라에 이익이 되는 방향으로 교역을 하겠죠? 교역뿐 아니라 여러 가지 면에서 협력이 잘 될 거예요. 다국적 기업이 늘어나는 상황이라 현지 사람들과 정서적으로, 또 언어적으로 잘 통하는 사람들이 많이 필요합니다.

아시아는 우리가 앞서 살펴본 대로 제국주의 시대 때 큰 고통을 당했어요. 제국주의 기업들은 일방적으로 상대국의 자원과 노동력을 착취했지만 다문화 2세들이 활동하는 다국적 기업은 절대로 그렇게 하지 않을 거예요.

다문화 사회를 긍정적으로 보면 얻을 게 많아요. 앞에서 부분적으로 얘기했지만 정리를 하면 이렇습니다. 우선, 다양한 여러 문화가 어울리다 보면 창의성이 높아집니다. 새로운 가치와 새로운 상품을 만들어 낼 수 있어요. '1+1=3'이 되는 거죠. 이와 함께, 국민 모두의 문제 해결 능력과 적응력이 높아집니다. 개방적인 사고방식이 이렇게 만드는 거예요. 특히 다문화 사회에서 자란 아이들은 나중에 세계 어디에 데려다 놓아도 그곳 사람들과 잘 어울리며 살아갈 수 있어요.

국가의 능력도 높아집니다. 다양한 경험, 다양한 재능을 지닌 인재가 많고 젊은 층이 많아질 테니 당연히 국가의 능력이 올라가지요. 미지막으로 이게 가장 멋진 일인데, 아시아 이웃 나라들과 좋은 관계를 유지할 수 있다는 점입니다. 아픔을 지닌 이웃끼리 서로 위로하고 도움을 주고받는다면 세계 평화를 위해서도 좋은 일입니다.

다문화의 문제점은 없나요?[257]

지금까지 걱정스럽게 살펴본 것들이 다 문제점이죠. 무엇보다도 이주 여성이나 이주 노동자의 삶이 불안정하고 행복하지 않다는 것입니다. 전적으로 그들의 잘못이라기보다는 한국 사회의 미성숙함에도 그 원인이 있지요. 한 개인의 불행한 삶, 희망 없는 삶은 그 개인이 누구는 사회에 화살이 되어 되돌아올 수 있어요.

만약 다른 문화권 사람들이 한국에 와 있지 않다면 그런 화살을 맞지 않아도 되잖아요. 다문화 사회를 우려하는 사람들은 그렇게 생각할 거예요.[258]

여기서 우리는 몇 가지를 생각해 볼 수 있어요. 첫째는 우리는 늘 어

떤 화살을 맞고 있다는 거예요. 다문화 사람들이 없었을 때에도 한
국 사회가 아무런 문제 없이 평화롭기만 한 것은 아니었어요. 사회
라는 것은 언제나 여러 문제들을 중첩적으로 가지고 있고, 이것을
해결해 나가는 과정에서 민주주의가 발전하는 것이지요.

둘째는 먼저 정착한 사람 입장에서 보면 이주민은 사회적 약자입니
다. 사회적 약자를 돌보는 것은 인정상 당연한 일입니다. 특히나 그들
은 우리 사회의 부족한 부분을 채워 주고 있
어요. 우리 역시 다른 시공간에서는 언제든
약자가 될 수 있습니다. 나 몰라라 할 수 없
어요.

셋째는 어느 사회든 다문화 사회로 나아가는
흐름을 막을 수 없다는 것입니다. 기본적으로
사람은 어디든 자유롭게 다니면서 원하는 곳
에 가서 살 권리가 있어요. 다문화는 그런 권
리에서 생겨난 현상입니다. 그래서 다문화가
인류 역사와 함께 시작되었다고 할 수 있는
거예요. 국경은 나중에 만들어진 것이죠.

▲ 월 가의 시위 현장. 2011년 9월 미국 뉴욕 시 월 가에서 1퍼센트의 부 자들을 위해 99퍼센트의 대중들이 고통받고 있는 현실에 항의하는 시위가 벌어졌다. 금융가의 부도 덕함과 탐욕, 이익만을 추 구하는 신자유주의에 대 한 일반 대중의 분노가 표 출된 것으로, 다른 나라에 서도 비슷한 시위를 불러 일으켰다.

넷째는 처음 얘기한 것의 연장인데, 우리가 맞고 있는 화살 중 가장
치명적인 것은 '열에 둘'에 해당하는 사람들이 벌이는 이권 다툼, 권
력과 돈 따먹기 놀이입니다. 텔레비전 뉴스에서 누가 몇 십억, 몇 백
억을 횡령하거나 뇌물을 주고받았다는 보도를 본 적이 있나요?

**그럼요. 돈을 받았다, 안 받았다 하는 뉴스는 하루도 빠지지 않고 나오
잖아요.** 259

뉴스에 보도된 것은 빙산의 일각일 것입니다. 보도되지 않은 비리와 부패, 부정 축재가 얼마나 많을지는 상상에 맡기겠습니다. 그런데 그런 큰돈은 어떻게 만들어질까요? 모르긴 몰라도 '열에 여덟'의 손으로 만들어지지 않을까요? 자기 손으로 노동을 해서 그 많은 돈을 만들 수 없다는 것은 명백한 일입니다.

제국주의는 나라 밖에서만, 세계 역사에서만 존재하는 것이 아니죠. 우리 사회를 위태롭게 하는 것은 나라 안의 제국주의에서 비롯된 불의와 불공평, 인권 침해입니다. 우리 모두 경계해야 합니다.

불의와 불공평, 인권 침해   좀 갑작스러운 얘기인데요?[260]

나라 안에서 벌어지는 제국주의적 행태는 몹시 걱정스러운 수준입니다. 일반 사람들이 잘 모르는 분야에서, 법망을 피해 가면서, 그들을 비호하는 세력들과 막대한 이익을 나눠 가지는 식이죠. 미국 월 가에 대규모 사람들이 모여 목소리를 높인 것도 이것을 규탄하기 위해서입니다. 미국 시민들은 자신들이 99퍼센트의 대중이라고 외쳤는데 월 가의 시위에 빗대어 말하며 다문화 사람들도 우리들처럼 99퍼센트에 속합니다. 99퍼센트에 속하는 사람끼리 서로 반목하면 안 되겠죠. 어느 나라 사람이든, 하는 일이 무엇이든, 99퍼센트의 사람들끼리는 서로 협력해 나라 안, 나라 밖의 제국주의에 맞서야 합니다.

이야기가 너무 거창한가요? 결론적으로 말하면 우리 곁에 와 있는 다문화 사람들을 도외시할 게 아니라 그들과 함께 무엇을 도모할까를 생각해 보자는 것입니다. 같은 지역 사회의 일원으로서 건설적인 일을 찾을 수 있을 거예요. 그저 사이좋게 지내는 것만으로도 사회를 이롭게 할 수 있겠죠.

앞에서도 잠깐 얘기한 부분인데, 상식적으로 국내에 일할 사람이 있
으면 왜 외국에서 사람을 데려오겠습니까? 일자리가 없어지는 것이
이주 노동자들 때문이라면 아주 쉽게 실업 문제를 해결할 수 있습니
다. 하지만 그렇지가 않아요. 얽히고설킨 여러 복합적인 요인들이 있
어요. 그 요인들 중 가장 큰 것이 질문 258에서 말한 것들입니다.
어찌 되었든 이주 노동자와 다문화 가정들이 새로운 빈곤층이 되지
않도록 노력을 해야겠지요. 이렇게 대화를 나누는 것도 그런 노력들
중의 하나입니다. 노력도 알아야 할 수 있으니까요. 다문화 사람들
을 포함해 소외 계층 전반에 관심과 온정
을 보내야 합니다. 다문화 사람은 그들 중
한 명일 뿐이에요.

약자를 짓누르면서 자신의 힘을 과시하는
사람을 강자라고 부르지는 않아요. 자기가
짓누를 수도 있는 약자를 보듬어 줄 때
그 사람은 진정한 강자가 됩니다.

▼ 밝은 표정의 이주 노동
자들. 2009년 11월 서울 구
로동에서 열린 이주 노동
자들의 운동회에서 함께
줄넘기를 하는 모습이다.

함께 어울리는 방식

그런데 막상 다문화 사람들을 보면 어떻게 다가가야 할지, 어떻게 어울려야 할지 모르겠어요. [262]

다문화 사람들도 한국에 오면 한국 사람이 되어서 살아가야 할까요? 한국 사람처럼 생각하고, 한국 사람처럼 행동하고, 한국 사람들이 먹는 것만 먹는 게 좋을까요? 아니면…….

하루아침에 한국 사람이 되어 한국 사람처럼 살 수는 없을 것 같아요. [263]

예전에 서구에서는 이민자들이나 장기 체류자들이 자기네 사회에 들어와 자기네 나라 사람처럼 사는 것에 중점을 두었어요. '영국에 가면 영국 사람이 되고 프랑스에 가면 프랑스 사람이 되어야 한다.'는 논리죠. 이런 정책을 '동화' 또는 '흡수'라고 해요.

동화 또는 흡수라고요? 그 방식이 성공했나요? [264]

아뇨, 그리 성공적이지 못했어요. 이민자들이 크나큰 정체성의 혼란을 겪을 수밖에 없기 때문입니다. 그들이 이전에 살아온 방식, 부모들에게서 물려받은 정신적 유산, 풍습과 가치관들을 무시당한 채(혹은 열등하다는 시선을 받으며) 새로운 문화를 받아들이는 것은 온당하지도 않을 뿐더러 불가능한 일이에요.

다른 방식은 없나요? [265]

미국에서는 '샐러드 볼(salad bowl)'이라고 해서 모두 한데 넣고 섞는다는 비유를 쓰고 있습니다. 혼합 방식이죠. 이 방식은 동화나 흡수보다는 충격이 덜하지만 각각의 개별성이 헝클어지는 느낌이 있습니다.

동화도 아니고 샐러드 볼도 아니라면 또 어떤 방식이 있나요?[266]

한참 앞에서 얘기했던 '도서관 자리 내주기'를 떠올려 봐요. 먼저 와 있던 사람들과 새로 온 사람이 어떤 방식으로 같이 앉게 되었죠? 바로 끼어들기 방식입니다. 먼저 온 사람은 기꺼이 끼워 주고 새로 온 사람은 양해를 구하며 끼어들고!

이렇게 하면 끼어드는 쪽은 자신의 정체성을 잃지 않으면서도 큰 집단의 정체성까지 얻을 수 있지요. 끼워 주는 쪽에서는 자신의 틀을 그대로 유지한 채 새로운 것 하나를 더 얻게 됩니다. 양쪽이 모두 상생하는 셈이죠(질문 182~184 참조).

끼워 주기요? 그런 예가 있나요?[267]

적절한 예일지는 모르겠지만 중국인들은 세계 어느 곳에 정착하든 그 사회에 협력하면서 동시에 자신들의 고유문화를 즐기고 있습니다. 차이나타운을 만들고 음력설마다 도시 곳곳에서 화려한 거리 행진을 펼칩니다. 현지 사람들도 이런 볼거리를 반기지요. 멀리 중국에 가지 않아도 중국 문화를 즐길 수 있으니까요.

한국에서도 이주 여성이나 이주 노동자의 문화를 권장해야 할까요?[268]

이들이 한국 사회에서 겪는 소외감과 고립감은 자신들의 문화가 종종 무시되는 것에도 이유가 있을 거예요. 앞서도 말했지만 모르는 나라에서 사는 것은 그 자체만으로도 정말 힘든 일이거든요. 그들의 문화와 정신적 유산에 관심을 갖고 그것을 존중한다면 그들에게 위안이 될 것입니다.

언젠가 텔레비전에서 어느 다문화 가정이 소개되었는데 한국인 남편이 베트남 어를 열심히 배우는 것이 인상적이었어요. 그뿐 아니라 가끔 베트남 음식도 만들어 먹고, 베트남 처가와 화상 통화도 하고 베트남 사람들과노 어울린다고 합니다. 아버지가 적극적으로 베트남의 문화를 익히려고 하자 아이들도 어머니 나라인 베트남에 대해 관심을 갖고 자부심을 느낀다고 해요. 베트남 어로 어머니와 대화도 나눈답니다.

그들의 문화를 권장하면 우리 문화가 상대적으로 위축될 것 같은데, 그렇지 않나요?[269]

아뇨! 오히려 다른 나라의 문화와 견줄 때 우리 자신의 문화도 더 선명하게 비칠 수 있어요. '외국에 나가면 모두 애국자가 된다.'는 말도 이런 맥락에서 나온 거예요. 그리고 우리가 한 가지 생각할 것이 있어요. 한국 사람도 완벽한 한국 사람으로 살고 있지는 않아요.

그건 또 무슨 말이죠? 한국 사람도 완벽한 한국 사람으로 사는 게 아니라니요?[270]

외국 사람들이 와서 보면 한국이 너무나 서구화되어 있는 것에 의아

〈논어〉에 "군자는 서로 어울리되 동화되지 아니하고(和而不同), 소인은 동화되나 서로 어울리지 아니한다(同而不和)."라는 구절이 있다. '화이부동'은 우리기 지향해야 할 다문화의 정신을 내포하고 있다.

해합니다. 우리의 일상 문화가 서구 나라들과 흡사해졌어요. 예전에는 결혼식에 갈 때 한복을 더러 입었어요. 설이나 추석 때도 한복을 입었지요. 그래서 길거리에 종종 한복 입은 사람들이 눈에 띄었는데 지금은 그렇지 않잖아요. 상점의 간판에도 영어 글씨가 많아요. 나이 드신 분들까지 우리 차보다는 커피를 즐겨 마셔요. 떡집보다 빵집이 많을걸요?

우리도 전적으로 한국 사람으로 살고 있지 않으면서 다문화 사람들에게 한국 사람이 되어 한국 문화를 따르라고 할 수는 없지요. 로마에 가면 로마법을 따르라고 했지, 로마의 문화를 따르라고 하지는 않았어요. 중국 이민자들도 다른 나라에서 자기들 설 행사를 할 때 거리 행진 시간이나 폭죽 놀이 장소 선정은 그 나라 법을 따릅니다.

한국에서도 다른 나라 명절 행사를 볼 수 있다면 좋겠어요. 흥미로울 것 같아요.[271]

우리는 어디에 있든 우리가 원하는 문화를 즐길 수 있어요. 문화는 강요되어서도 안 되고 강요받아서도 안 됩니다. 중요한 것은 어떤 문화를 갖고 있다고 하더라도 우리는 모두 똑같은 사람이라는 점입니다. 문화는 다르지만 사람은 같다는 얘기죠.

문화를 향유하는 아름다운 나라를 위해

문화는 다르지만 사람은 같다고요? 272

그동안 우리는 생김새나 문화가 다르다는 것에 너무 주의를 기울인 나머지 우리가 다 같은 사람이라는 중요한 사실을 잊고 있었어요. 같은 것은 잊어버리고 다른 것만 알아본 거죠. 하지만 '다르다' 안경을 내려놓고 '같다' 안경을 쓰면 무슨 음식을 먹든, 어떤 언어를 쓰든, 어떤 나라에서 왔든, 눈이 파랗든 까맣든, 아무 상관이 없어요. 사람은 모두 같으니까요.

이 점을 기억하는 것이 중요합니다. 히틀러도 이 사실을 망각했고 노예 상인들도 이를 망각했어요. 일본인도 조선인을 바라보면서 이 사실을 잊었어요. '너와 나는 같다. 우리는 같은 사람이다.' 이것을 매 순간 기억한다면 사람과 사람 사이의 그 어떤 차별과 불공평은 눈 녹듯 사라질 수 있어요.

모두 다 같은 사람이라는 것을 확인하면 그것으로 다인가요? 273

아니죠. 그것이 출발점이에요. 우리는 이제야 겨우 '사람은 같다.'에 합의한 셈이에요. 이제는 다시 '문화는 다르다.'로 나아가 서로 다른 문화를 즐기며 더 큰 걸음을 함께 내디뎌야 해요.

목적지를 가까이 두고 먼 길을 돌아온 것 같아요. 274

우리가 모두 같은 사람이라는 것에 새삼 합의하지 못하면 새로운 문화가 주는 이점을 발견하기 힘들어요. 앞서 살펴본 것처럼 사람들은

▲ 백범 김구는 자서전에서 다음과 같이 피력했다. "나는 우리나라가 세계에서 가장 아름다운 나라가 되기를 원한다. 가장 부강한 나라가 되는 걸 원하는 것은 아니다. 내가 남의 침략에 가슴이 아팠으니 내 나라가 남을 침략하는 것을 원치 아니한다. 우리의 부력은 우리의 생활을 풍족히 할 만하고 우리의 강력은 남의 침략을 막을 만하면 족하다. 오직 한없이 가지고 싶은 것은 높은 문화의 힘이나. 문화의 힘은 우리 자신을 행복되게 하고, 나아가서 남에게 행복을 주겠기 때문이다."

▲ 태국 쓰나미 피해 5주기 추모 대회(2011년 12월).

늘 이동을 해 왔고 그런 과정에서 서로 갈등이 있었어요. 인종 대학살로 불릴 만한 끔찍한 일도 겪었습니다. 그중 제국주의는 피해국들에게 크나큰 상처를 입혔고 그 상처는 아직 아물지 않았습니다. 그에 합당한 사과와 보상이 지금까지 이루어지지 않은 것은 안타까운 일이지만 언제까지나 과거에 머물러 있을 수는 없습니다. 우리 앞에는 전 지구적인 문제가 있으니까요. 앞에서(질문 177, 178) 전쟁을 막으려면 무엇이 필요하다고 했는지 기억하나요?

유대감과 연대감 말인가요?[275]

맞아요. 전쟁을 비롯해 빈곤과 폭력, 환경 파괴 등 시급하게 모두가 함께 나서야만 해결할 수 있는 문제가 우리 앞에 있어요. 과거에서와 같이 외국인(외지인) 혹은 나와 다른 부류에 대한 차별적이고 편협한 시선을 고치지 않는 한 함께 힘을 모을 수 없습니다. 계층 간,

민족 간, 국가 간 경쟁을 해서는 문제를 해결할 수 없습니다. 오히려 더 큰 전쟁, 지구를 완전히 파괴할 폭력을 불러올 뿐입니다.

지구촌은 점점 좁아져서 전 세계 200여 나라들이 한 배를 타고 있는 것과 같아요. 어느 누가 배를 위태롭게 하면 모두 물에 빠지고 맙니다. 배를 위험에 빠뜨리지 않으려면 묘안을 짜내야 해요. 서로 다른 생각을 나누고 다른 문화를 존중하면서 살기 좋은 지구를 만들어야 합니다. 한국 시민으로서뿐 아니라 세계 시민으로서 말이에요.

세계 시민으로서요? 갑자기 시야가 넓어지는 것 같아요.[276]

세계 시민으로서 누구에게나 보편타당한 기순과 가치를 세우고 공유하며 지구에서의 지속 가능한 삶을 고민해야 합니다. 다행스럽게도 인류는 더디긴 하지만 좋은 방향으로 나아가고 있어요. 예전에는 노예의 존재를 당연하게 여겼지만 지금은 그것이 부당하다는 것, 말도 안 되는 일이라는 것을 알고 있잖아요.

가난하고 소외된 계층을 사회가 나서서 보살펴야 한다는 생각도 다들 갖고 있어요. 자발적으로 봉사를 하는 사람들도 늘었습니다. 한번도 보지 못한 지구 반대편 아이들에게 다달이 돈을 보내기도 하고요. 지진이나 해일이 발생하면 세계 모두가 나서서 구호 활동을 하는 것도 달라진 점이에요.

인류는 조심스레 우리 안에 내재된 '인류애'를 기억해 내고 있어요. 모두 다 하나의 끈으로 연결된 형제, 자매, 가족이라는 사실을 깨닫고 있습니다. 인류애는 먼 곳에 있지 않아요. 지금 이곳에서, 내 주변에 보이는 사람들이 나의 인류애를 확인시켜 줄 '님'입니다. 그들에게 먼저 인류애를 실천하세요. 실천하는 사람이 훌륭한 사람입니다.

실천이 중요하다는 말씀이네요. [277]

앞서 연대감을 얘기했지만 행동으로 이어지지 않는 연대감은 무기력합니다. 불의와 불공평, 사회 비리에 침묵하지 말고 자기가 할 수 있는 차원에서 어떤 행동에 직접 나서야 합니다. 이것을 '바로행동', '모두행동'이라고 부르고 싶어요.

바로행동, 모두행동이라뇨? [278]

바로행동은 지금 바로 행동에 나선다는 뜻이고 모두행동은 모두 함께 행동한다는 뜻입니다.

구체적으로 어떤 행동을 어떻게 하라는 건가요? [279]

학교에서 외톨이로 지내는 아이가 있으면 바로 다가가 먼저 말을 건네요. 누가 따돌림을 당하거나 괴롭힘을 당하는 상황을 보게 되면 바로 소리 높여 "안 돼!" 또는 "멈춰!"라고 말해요. 모두 함께 그렇게

하세요. 전철이나 버스에서 사회적 약자가 수모를 당하고 있으면 나서서 구해 주세요. 모두 그렇게 하세요. 모두 나서서 제지하면 바로잡을 수 있답니다.

외국인 노동자나 이주 여성, 다문화 아이들에게 관심을 갖고 기꺼이 도우세요. 근처에 그들을 돕는 기관이나 단체가 있으면 방문해서 그곳이 무슨 일을 하는지 알아보세요. 자원봉사를 할 수 있다면 하는 게 좋겠죠. 지역 아동 센터나 장애인 복지 센터, 환경 단체 등을 방문하세요. 지금 당장은 할 일이 없더라도 방문 자체가 우리 삶에 잔잔한 파장을 불러올 것입니다.

불합리한 것을 보면 그냥 지나치지 말고 알아보세요(먼저 언성을 높이면 안 됩니다). 어떻게 하면 합리적으로 고칠 수 있을지, 다른 사람은 어떻게 생각하는지 묻고 토론해 보세요. 도움을 청할 곳을 알아보고 협력해야 할 일들은 그렇게 하세요. 벽에 부딪쳐도, 화가 나도 아무것도 안 한 것보다는 낫습니다. 전열을 가다듬어 다시 도전하면 되니까요.

알고도 실천하지 않으면 인류에게는 아무런 희망이 없어요. 먼저 알아야 하고 그다음에는 실천이 따라야 합니다. 지금까지 이 책을 통해 무언가를 알았다면 이제는 실천할 때입니다. 실천은 지금 이곳에서 나부터 해 나가는 것입니다.

알겠습니다. 실천은 지금 이곳에서 나부터! 바로행동, 모두행동! [280]

노르웨이에서는 학교 폭력을 제지하기 위해 '멈춰!' 프로그램을 개발했다. 즉, 학교 폭력이 발생할 경우 피해 학생이 "멈춰!" 하고 외치며 팔을 뻗으면 주위 학생들도 함께 "멈춰!"라고 복창하도록 한다. 이는 피해 학생을 구출함과 동시에 폭력의 부당함을 집단적으로 인식하는 효과를 기대할 수 있다. 노르웨이는 이 프로그램으로 학교 폭력이 50퍼센트 이하로 낮아졌다고 밝혔다.

사람은 혼자서는 행복할 수 없다

나는 한국이 운이 좋은 나라라고 생각한다. 내가 한국에서 태어난 것도 운이 좋았다. 하지만 지구에는 한국만 있는 게 아니다. 아직도 세계 곳곳에서는 학살과 폭력이 끊이지 않고 일어난다. 전 지구적인 전쟁의 위험까지 도사리고 있다. 자살 폭탄이 터져 피가 솟구치고 총구멍에서 총알에 튀어 나가 어떤 사람의 심장을 후벼 파는 곳도 있다. 어찌 보면 이 모든 불행은 '다름'에 대해 지나치게 경계하는 마음에서 비롯되었을지도 모른다.

한 사람의 생명이 무참하게 쓰러질 때 하나의 지구도 쓰러진다. 적어도 쓰러지는 사람에게는 그럴 것이다. 더 이상 푸른 지구를 볼 수 없고 더 이상 사랑하는 가족을 볼 수 없고 더 이상 희망을 품을 수 없을 테니까. 병이나 사고로 죽는 것은 피할 수 없지만, 우리 모두 똑같은 사람이라는 것을 잊은 채 누구는 주인이 되고 누구는 하인이 되는 일은 더 이상 없어야 한다.

초여름에 다녀온 바이칼 호 사진이 내 휴대 전화에 저장되어 있다. 300여 개의 물줄기가 모여 거대한 바이칼 호를 이루고 있다. 우리 각자가 몸에 두르고 있는 문화도 300여 개의 물줄기처럼 제각각일 것이다. 제각각인 물줄기가 한데 흘러들어 바이칼 호를 형성한다. 물줄기는 300갈래이지만 바이칼 호는 하나이다. 흘러드는 물줄기를 보지 않고 바이칼 호만 본다면 그건 잘못된 것이다. 어떤 물줄기가 어디에서 어떻게 흘러드는지 알아야 한다. 그런 다음 바이칼 호를 보고, 그런 다음 각각의 물줄기를 잊어야 한다. 그래야 그것을 넘어설 수 있다. 다문화에 대해서도 마찬가지이다. 알아야 하고 그다음에는 그것을 넘어서야 한다. 다문화는 우리가 넘어서야 할 어떤 것일 뿐이다.

원고 말미에 나는 '세계 시민'이란 낱말을 꺼냈다. 세계 시민이란 낱말과 함께, 온 사람들이 서로 어울려 살아가는 지구 마을을 떠올리면 '다문화'는 오히려 다채로움과 색다른 매력으로 보일 수 있다. 우리는 서로서로에게 이지인이며 다문화인이다. 우리 모두 그저 사람으로서, 이웃으로서 서로에게 내민 손을 잡아 주어야 한다. 사람은 혼자서는 결코 행복할 수 없기 때문이다.

생각이 같으면 세상을 변화시킬 수 있다. 희망을 갖고 노력하는 것 자체가 변화의 시작이다. 이 책이 노력하는 사람들에게 읽히기를 바란다.

채인선

채인선

1962년 강원도 함백에서 태어나 성균관대학교 불문학과를 졸업했습니다. 1996년 창비에서
주관한 '좋은 어린이책 공모'에 당선되어 작품 활동을 시작했습니다. 지금까지 《내 짝꿍 최
영대》, 《아름다운 가치사전》, 《아름다운 감정학교》(시리즈 5권), 《나의 첫 국어사전》 등을
펴냈습니다. 저자는 다변화하는 한국 사회를 살아갈 어린이·청소년을 위해 교양물 집필에
도 힘쓰고 있습니다.

사진 구입 및 저작권

연합뉴스

17p 위(이상현/연합뉴스), 18p(김태식/연합뉴스), 19p, 21p(시몽포토에이전시/연합뉴스), 24p, 62p(AP Photo/연합뉴스),
64p, 70p(EPA/연합뉴스), 77p, 81p(AP Photo/연합뉴스), 84p, 94p, 97p, 102p, 112p, 115p(EPA/연합뉴스), 116p, 119p,
125p, 129p, 135p, 140p, 146p(AP Photo/연합뉴스), 148p, 154p(EPA/연합뉴스)

기타

39p(by Gloria Manna), 73p(by p_c_w), 127p(by 정택용)

다문화 백과사전

초판 1쇄 발행 2012년 10월 23일
초판 15쇄 발행 2023년 3월 11일

지은이 채인선 펴낸이 김남중
디자인 림어소시에이션 일러스트 홍종모

펴낸곳 한권의책
출판등록 제406-251002011000317호
주소 경기도 파주시 노을빛로 109-26 (202호)
전화 (031)945-0762
팩스 (031)946-0762

값 14,000원 ISBN 978-89-968777-4-5 43300

＊잘못된 책은 바꿔드립니다.

＊이 책 내용의 전부 또는 일부를 재사용하려면 반드시 저작권자와 한권의책 양측의 동의를 받아야 합니다.

국립중앙도서관 출판시도서목록(CIP)

다문화 백과사전 : 혼자보다 우리가 똑똑하다 / 채인선 지음.
---서울 : 한권의책, 2012
p. ; cm

ISBN 978-89-968777-4-5 43300 : ₩14000

백과 사전[百科事典]
다문화 주의[多文化主義]

031-KDC5   CIP2012004614